KB202909

호세아, 그 비극적 사랑의
영원한 의미

호세아, 그 비극적 사랑의
영원한 의미

지은이 김나사로
발행일 2021년 09월 30일

펴낸이 최선화
펴낸곳 도서출판 등과 빛
주소 부산광역시 동구 중앙대로260번길 3-11
전화 051-803-0691
등록번호 제329-2007-000019호.(2007년 11월 19일)
　　　　　제2017-000005호.(2017년 11월 19일)

저작권ⓒ도서출판 등과 빛, 2021
ISBN 978-89-93647-44-0

값 10,000원

호세아, 그 비극적 사랑의 영원한 의미

김나사로 지음

차례

※ 일러두기

1. 주님 재림의 날(때), 심판의 날(때), 하나님께서 작정하신 그 어떤 날(때) 등을 뜻할 경우에는 '그날(그때)'과 구분하여 '그 날(그 때)'로 띄어쓰기했습니다.
2. 개역한글 성경에서 한글 맞춤법에 비추어 틀리게 표기된 것 중, 몇은 한글 맞춤법을 따라 교정했습니다.

1. 비극적 사랑의 시작

"인생의 꿈과 성취에 눈이 어두운 교회 세대여, 하나님이
예언하시고 선포하신 장엄한 구속사의 신비를 바라보라!"

　호세아서는 희망과 위로의 메시지다. 자기 백성을 그냥
내버려 두실 수 없는 하나님의 영원한 사랑에 대한 잊을 수
없는 표상을 우리에게 제공해 주고 있다. 비극적인 사역의
길을 걸어간 호세아 선지자는 하나님의 사랑으로 야곱의 백
성을 위로했고, 굳은 희망으로 그들을 격려했다.

　호세아는 주의 명령에 순종해서 음란한 여인 고멜을 자신
의 아내로 맞이했다.

　　"여호와께서 비로소 호세아로 말씀하시니라 여호와께서 호
　　세아에게 이르시되 너는 가서 음란한 아내를 취하여 음란한
　　자식들을 낳으라 이 나라가 여호와를 떠나 크게 행음함이니라
　　이에 저가 가서 디블라임의 딸 고멜을 취하였더니"(호 1:2-3)

호세아는 세 자녀를 낳았다. 그러나 그 세 자녀들은 제각기 이스라엘 민족의 어두운 미래를 암시하는 불길한 이름을 부여 받는다.

첫 번째 자녀 이름은 '이스르엘'이다. 그 이름은 하나님께서 "이스르엘의 피를 예후의 집에 갚으며 이스라엘 족속의 나라를 폐하며 이스르엘 골짜기에서 이스라엘의 활을 꺾으리라는"(1:4-5) 뜻이다. 또 다른 자녀의 이름은 '로루하마'이다. 그 이름은 하나님께서 "다시는 이스라엘 족속을 긍휼히 여겨서 사하지 않을 것"(1:6)이라는 뜻이다. 그리고 마지막 자녀의 이름은 '로암미'이다. 그 이름은 "너희는 내 백성이 아니요 나는 너희 하나님이 되지 아니할 것"(1:9)이라는 뜻이다.

하나님께서는 호세아의 세 아이들의 이름을 통해 북이스라엘이 경험하게 될 엄중한 심판을 예언하시면서도 남쪽의 유다 족속에 대해서는 다윗 언약을 폐하지 않으실 것을 약속하셨다.

> "그러나 내가 유다 족속을 긍휼히 여겨 저희 하나님 여호와로 구원하겠고, 활과 칼이나 전쟁이나 말과 마병으로 구원하지 아니하리라 하시니라"(호 1:7)

오래전 하나님께서는 신실했던 왕인 다윗에게 그의 후손

가운데서 하나님이 허락하신 왕권의 복(福)을 폐하지 않을 것임을 약속하셨다. 그것은 하나님을 향한 다윗의 신실한 신앙에 대한 하나님의 영원한 축복의 맹세였다.

다윗은 사방의 모든 대적을 파한 후, 자신의 거처는 백향목 궁에 있지만 그토록 사랑하고 경외하는 하나님의 언약궤가 휘장 가운데 있는 사실을 가슴 아파한 나머지 자신이 기거하는 백향목 궁보다도 더 크고 화려한 하나님의 성전을 봉헌하고 싶은 간절한 소망으로 가슴이 불타올랐다. 그러나 이때 하나님께서는 다윗에게 성전 건축을 허락지는 않으셨지만 나단 선지자를 보내어 다윗에게 영원한 언약을 맹세하셨다.

> "네 수한이 차서 네 조상들과 함께 잘 때에 내가 네 몸에서 날 자식을 네 뒤에 세워 그 나라를 견고케 하리라 저는 내 이름을 위하여 집을 건축할 것이요 나는 그 나라 위를 영원히 견고케 하리라 나는 그 아비가 되고 그는 내 아들이 되리니 저가 만일 죄를 범하면 내가 사람 막대기와 인생 채찍으로 징계하려니와 내가 네 앞에서 폐한 사울에게서 내 은총을 빼앗은 것 같이 그에게서는 빼앗지 아니하리라 네 집과 네 나라가 내 앞에서 영원히 보전되고 네 위가 영원히 견고하리라 하였다 하라 나단이 이 모든 말씀과 이 모든 묵시대로 다윗에게 고하니라"(삼하 7:12-17)

나단 선지자가 예언한 하나님의 말씀대로 다윗의 위는 만왕의 왕이신 예수 그리스도를 통해 영원히 견고케 되었다. 그러므로 호세아서 1:7에서 "유다 족속을 긍휼히 여겨 하나님 여호와로 구원하시겠다"는 말씀은 곧 다윗의 가문에서 다윗의 왕권을 가지고 구원자 예수 그리스도께서 태어나실 것에 대한 예언이다.

그러나 하나님께서는 메시아를 통한 유다 족속의 구원 방법이 활과 칼과 전쟁과 말과 마병으로 구원하실 것이 아님을 분명히 예언하셨다(호 1:7). 그럼에도 불구하고 초림 당시 구약 이스라엘 백성은 그들이 고대하던 메시아가 이 땅에 오셔서 활과 칼과 전쟁과 마병으로 로마의 압제로부터 그들을 구원하시고 육적인 왕조를 복원하실 것을 기대하고 있었다. 여기에 바로 하나님의 경륜이 있었다.

그러므로 목수의 아들로 태어나신 예수 그리스도가 이스라엘 민족에게는 거치는 돌이 되었던 것이다. 그러나 영적으로 귀머거리가 되지 않고 소경이 되지 않았던 신실한 신앙인들은 하나님의 약속의 말씀을 따라 다윗의 왕권을 가지고 오셨던 예수 그리스도를 영접하고 예수 그리스도께서 반석 위에 세우셨던 하나님의 나라인 교회 시대에 동참할 수 있었다.

한편, 호세아 선지자의 북이스라엘을 향한 파멸의 선고에 이어, 이 파멸로 인한 비극의 날들을, 슬픔의 날들을, 절망의 날들을 뒤집어 버릴 희망의 날이 선포 되었다.

"그러나 이스라엘 자손의 수가 바닷가의 모래같이 되어서 측량할 수도 없고 셀 수도 없을 것이며 전에 저희에게 이르기를 너희는 내 백성이 아니라 한 그곳에서 저희에게 이르기를 너희는 사신 하나님의 자녀라 할 것이라 이에 유다 자손과 이스라엘 자손이 함께 모여 한 두목을 세우고 그 땅에서부터 올라오리니 이스르엘의 날이 클 것임이로다 너희 형제에게는 암미라 하고 너희 자매에게는 루하마라 하라"(호 1:10-12)

여기서 '암미'와 '루하마'는 '내 백성, 내 사랑'이라는 의미로서 호세아의 자녀들의 이름과는 반대되는 이름이다. 그것은 바로 '새 이름의 복'이다. "너희 형제에게는 암미라 하고 너희 자매에게는 루하마라 하라"는 것은 분명 회복의 약속이고 복된 약속임에 틀림없다.

그렇다면 범죄하므로 심판받은 이스라엘은 그 이후 다시 완전하게 회복되었는가? 그래서 다시 그들의 왕과 제사장을 세우고 하나님 앞에 영원한 제사장 민족의 특권을 회복했는가? 아니다. 이스라엘은 이와 같은 회복의 약속, 복된 약속을 받았음에도 그들의 죄악 때문에 앗시리아, 바벨론, 헬라, 로마에 의해서 완전히 멸망당하고 말았다.

그렇다면 이스라엘을 향한 하나님의 영원한 약속은 성취

되지 못했는가? 아니다. 그렇다면 어떻게, 어떤 의미로 하나님의 약속은 성취되었는가? 이스라엘을 향한 하나님의 회복의 약속은 육적인 삶에서 성취되는 것이 아니라 영적인 삶에서 성취된다. 따라서 그 약속은 예수 그리스도 안에서 죄 사함과 의와 생명의 복으로 종국적인 성취가 이루어졌다.

여기서 다시 우리가 분명히 인지해야 할 것은 회복의 약속, 영원한 사랑의 약속을 받았던 이스라엘이 이후 철저하게 심판을 받았다는 사실이다. 신앙인답지 못한 이스라엘은 자기 신앙의 그릇됨을 철저히 회개하지 않은 채, 회복과 축복의 말씀만을 부여잡고 구원받은 선민이라고 안심해서는 안 된다. 나아가서 하나님께서 축복하신 이스라엘의 회복의 약속을 이 땅에서의 풍요와 번영의 복으로 적용해서도 안 된다.

이스라엘 백성이라고 해서 아무나 하나님의 백성이 되고 하나님의 사람이 되는 것이 아니다. 신실하지 못한 이스라엘은 반드시 멸망을 받았다. 그런 의미에서 비록 교회 세대에도 회복과 축복이 약속되었다 할지라도 그 복은 이 땅에서 먹고 마시고 입고의 삶 안에서 성취되는 것이 아니며, 입으로만 "주여! 주여!" 하는 신실하지 못한 교회 세대 모두에게 성취되는 언약이 아니다.

신실하지 못한 교회 세대는 하나님의 심판을 피할 수 없으며 따라서 하나님의 약속에 동참할 수 없다. 오직 '신실한 교회 세대', 곧 '신앙의 이긴 자'들만이 하나님의 회복의 약속, 복된 약속을 받아 누리게 될 것이다.

호세아 당시의 '암미'와 '루하마'라는 '복된 새 이름의 역사'는 비록 신실하지 못함으로 말미암아 멸망으로 치닫고 있는 이스라엘을 향한 회복의 약속이었지만, 종국에 그 새 이름의 복은 이방인 교회 세대를 바라보고 있었고(호 1:10 후), 육적 이스라엘의 회복은 영적 이스라엘의 복된 세대를 전망하고 있었다.

그래서 이스라엘 자손의 수가 바닷가의 모래와 같이 되어서 측량할 수도 없고 셀 수도 없게 되리라는 복된 예언(호 1:10전)은 육적 이스라엘 백성의 충만한 숫자를 통해서가 아니라, 다가오는 이방인 교회 시대의 영적 이스라엘, 즉 예수 그리스도를 주로 시인하는 사람들의 충만한 숫자로 성취된다. 바로 그 말씀이 "너희는 내 백성이 아니라 한 그곳에서 저희에게 이르기를 너희는 사신 하나님의 자녀라 할 것이라"(호 1:10)는 말씀이다.

이에 반해 오히려 육적 이스라엘은 비록 그 숫자가 바닷가의 모래와 같았다 할지라도 그들 모두가 아니라 신실한 신앙의 '남은 자'들만이 하나님의 구원의 품으로 돌아왔다.

"그 날에 이스라엘의 남은 자와 야곱 족속의 피난한 자들이

다시는 자기를 친 자를 의뢰치 아니하고 이스라엘의 거룩하신
자 여호와를 진실히 의뢰하리니 남은 자 곧 야곱의 남은 자가
능하신 하나님께 돌아올 것이라 이스라엘이여 네 백성이 바다
의 모래 같을지라도 남은 자만 돌아오리니 넘치는 공의로 훼
멸이 작정되었음이라 이미 작정되었은즉 주 만군의 여호와께
서 온 세계 중에 끝까지 행하시리라"(사 10:20-23)

이처럼 이스라엘의 미래에 "암미"와 "루하마"라는 새 이
름의 복과 회복이 예언된 이면에는 범죄한 이스라엘의 철저
한 심판이 전제되어 있듯이, 다가오는 종말의 교회 세대를
향해 새 이름의 복(계 2:17; 3:12)이 예언되어 있는 것은 입
으로만 "주여! 주여!" 하는 신실하지 못한 교회 세대의 신앙
인들에게 하나님의 철저한 심판이 작정되어 있음을 경고하
는 것이다. 교인들의 숫자가 바닷가의 모래와 같이 많다 할
지라도 그 날에 남은 자만이 하나님께로 돌아오게 될 것이
다.

호세아 당시 이미 하나님께서는 이스라엘을 향해 회복과
새 이름의 복을 약속하시면서 범죄한 육적 이스라엘 세대가
아니라 700년 후 초림의 예수 그리스도와 함께 이 땅에 도
래할 이방인 교회 세대를 준비하고 계셨다. 그래서 범죄한
육적 이스라엘을 철저하게 심판하시고 이방인 교회 세대를
통해 하나님의 풍성한 복의 약속을 성취하셨던 것이다.

그러므로 성경에서 선포된 회복과 축복의 말씀들을 그저 단기간적인 개인의 인생사에만 적용하다 보면 신령한 하나님의 종교가 복술의 종교로 전락하고 만다. 이처럼 장구한 세월을 전망하며 선포된 하나님의 신령한 복의 약속을 신실하지 못한 신앙인들의 개인 일상사에 듣기 좋은 이야기로 적용해서 하나님의 말씀을 가르치게 되면 신령의 기독교가 자기 위안만을 위한 종교, 자기 평안만을 위한 종교, 자기 배만 불리기 위한 종교로 전락하게 된다.

지금 호세아 선지자는 10년 20년 후의 이스라엘 개개인의 인생사를 예언하고 있는 것이 아니라 예수 그리스도로 말미암는 다가오는 하나님의 나라와 의를 예언하고 있다. 이처럼 성경의 예언은 예수 그리스도의 이 땅에 오심과 관련이 있는 것이기 때문에 히브리서 10:32-37에 보면 고통받는 히브리 교회에게 있어서 유일한 소망은 10년 20년 후의 인생의 문제 해결이 아니라 잠시 잠깐 후면 오실 예수 그리스도로 말미암는 복이었다.

결국 이스라엘을 향한 하나님의 회복의 약속은 육적 이스라엘이 아니라 영적 이스라엘인 이방인 교회 세대에게서 성취되었고 범죄한 육적 이스라엘은 철저하게 심판받고야 말았다.

그런데 사도 바울은 이 엄위하신 하나님의 구속사의 섭리에 대해 피력하면서, 예수 그리스도의 초림으로 말미암아 이방인 교회 시대가 시작됨으로 원가지들인 이스라엘이 꺾인 것처럼, 장차 교회 시대의 미래에서는 접붙임 된 돌감람나무 가지인 이방인 교회 세대가 당연히 더욱 꺾일 수 있음을 경고하고 있다.

> "또한 가지 얼마가 꺾여졌는데 돌감람나무인 네가 그들 중에 접붙임이 되어 참감람나무 뿌리의 진액을 함께 받는 자 되었은즉 그 가지들을 향하여 자긍하지 말라 자긍할지라도 네가 뿌리를 보전하는 것이 아니요 뿌리가 너를 보전하는 것이니라 그러면 네 말이 가지들이 꺾이운 것은 나로 접붙임을 받게 하려 함이라 하리니 옳도다 저희는 믿지 아니하므로 꺾이우고 너는 믿으므로 섰느니라 높은 마음을 품지 말고 도리어 두려워하라 하나님이 원 가지들도 아끼지 아니하셨은즉 너도 아끼지 아니하시리라"(롬 11:17-21)

그러면 호세아 선지자는 무엇 때문에 이스라엘 민족이 심판을 받는다고 예언하고 있는가? 이에 대해 호세아서는 다음과 같이 경고하고 있다.

> "너희 어미와 쟁론하고 쟁론하라 저는 내 아내가 아니요 나는 저의 남편이 아니라 저로 그 얼굴에서 음란을 제하고 그 유방 사이에서 음행을 제하게 하라"(호 2:2)

결국 이스라엘의 음란이 하나님의 심판을 자초했다. 그들의 음란은, 그들이 하나님을 섬기지 않았다는 것이 아니라 하나님만을 섬기지 않았다는 것이다. 그들은 하나님과 우상을 겸하여 섬겼다.

이제 하나님과 우상을 겸하여 섬기는 그들에게 하나님께서는 "저가 귀고리와 패물로 장식하고 그 연애하는 자를 따라가서 나를 잊어버리고 향을 살라 바알들을 섬긴 시일을 따라 내가 저에게 벌을 주리라 나 여호와의 말이니라"(호 2:13)라고 경고하셨다. 바로 이것이 하나님을 하나님 되게 섬기지 않은 이스라엘, 곧 하나님과 우상의 품을 겸하여 기대었던 음란한 이스라엘에게 예언된 말로였다.

그렇다면 구약 이스라엘의 말로가 신약 교회의 거울(고전 10:1-11)이 되고 경계가 되는 것은 어떤 의미에서인가? 오늘 우리는 하나님과 세상, 하나님과 물질을 겸하여 사랑하는 죄악을 범하고 있다. 그 옛날 북이스라엘의 음란한 죄악이 하나님과 우상을 겸하여 섬기고 사랑한 것이었듯이, 오늘 우리의 음란한 신앙의 죄악도 하나님과 물질을 겸하여 사랑하는 죄악이고(마 6:24) 하나님과 세상을 더불어 벗하는 죄악이다(약 4:4).

과연 우리는 주님보다 더 사랑하는 것이 없는가? 과연 우리는 나의 물질보다 주님을 더 사랑하고 있는가? 과연 우리는 하나님을 하나님 되게 섬기고 사랑하고 있는가?

구약 이스라엘이 하나님과 우상을 더불어 섬긴 간음은 신약 영적 이스라엘의 세속화이다. 하나님과 세상, 하나님과 물질을 겸하여 섬긴 교회 세대의 세속화는 이방인 교회 세대의 심판의 전조이다. 그런 의미에서 범죄한 구약 이스라엘의 말로는 신약 교회의 거울이요 경계가 된다.

이스라엘을 향한 하나님의 영원한 사랑의 약속은 범죄한 이스라엘에 대한 무조건적인 용서로 성취되는 것이 아니라 이방인 교회 시대로 촛대를 옮김으로써 이방인 교회 시대, 즉 영적 이스라엘에게서 성취되었다. 바로 이것이 '암미'와 '루하마'로 예언된 새 이름의 약속의 성취이다.

이처럼 하나님의 구원 경륜은, 비록 구약교회는 멸절시키심으로 하나님의 영원한 사랑의 약속이 사라지는 것처럼 보이지만, 그 약속의 복은 사라진 것이 아니라 오히려 신약의 이방인 교회 시대를 통해 하나님의 영원한 사랑을 존속하시고 보존하시는 것이다.

여기서 우리가 다시 명심해야 하는 것은 하나님의 구속사의 큰 틀에서 선포된 축복의 말씀, 회복의 말씀, 사랑의 약속을 지극히 개인적인 인생의 문제, 지극히 현세적이고 단기적인 세상적 안목으로 국한해서는 안 된다는 사실이다.

호세아 선지자가 활동하던 시기는 기원전 750년경이었다. 그러므로 이방인 교회 시대는 그때로부터 인간의 시간법으로는 아득히 먼 훗날의 시대이다. 그런데도 오늘날 우리 교회 세대는 자기 교회 10년, 20년 건축 계획에 눈이 어둡고 개인의 10년, 20년의 인생의 미래에 눈이 어두워 구속사의 큰 안목을 상실했다. 바로 이것이 스스로 부요하다 하지만 안약을 사서 발라보아야 할 정도로 눈이 먼 라오디게아 교회의 한심한 모습이다(계 3:17-18).

구속사의 안목을 회복하지 않는 한 하나님이 예언하시고 선포하시는 장엄한 구속사의 신비를 바라볼 수 없다. 구속사의 주인공은 '긍정적인 나'가 아니라 '예수 그리스도'이시고, 구속사의 핵심은 '긍정적 인간의 꿈의 성취'가 아니라 '예수 그리스도의 다시 오심'이다.

그런데 우리는 너무나 개 교회 중심, 개인 중심의 신앙에 안주하여 하나님께서 이 세대를 향해 말씀하시는 세미한 음성, 즉 성령이 교회들에게 하시는 말씀(계 2:7, 11, 17, 29; 3:6, 13, 22)을 듣지 못하고, 단지 외적인 성취와 체험에 열광하고 있을 뿐이다. 그러므로 우리는 안약을 사서 눈에 발라(계 3:18) 영적 소경 된 우리의 눈을 치료해야 한다.

2. 영원한 사랑의 서약

"오늘 우리 교회 세대의 당면한 과제는 하나님의 사랑을 지극히 개인적인 내 문제 중심으로만 바라보는 시각을 하나님의 나라와 의의 완성을 위한 구속사의 시각으로 전환하는 것이다. 그러할 때 하나님의 말씀은 사람의 계명이 아니라 영원한 복음이 된다."

하나님을 떠나 우상을 숭배하는 음란한 행실의 이스라엘에게 심판을 선언하신 하나님께서는 이스라엘을 향해 작정된 심판의 비극을 넘어서는 희망의 미래를 선포하신다. 하나님께서는 마치 젊은 연인이 사랑하는 자에게 구애하듯이 이스라엘을 향해 구애하신다.

"그러므로 내가 저를 개유하여 거친 들로 데리고 가서 말로 위로하고 거기서 비로소 저의 포도원을 저에게 주고 아골 골짜기로 소망의 문을 삼아 주리니 저가 거기서 응대하기를 어렸을 때와 애굽 땅에서 올라오던 날과 같이하리라"(호 2:14-15)

예언된 이 결혼은 하나님의 신실하심으로 이루어 질 것이다.

> "여호와께서 이르시되 그 날에 네가 나를 내 남편이라 일컫고 다시는 내 바알이라 일컫지 아니하리라 내가 바알들의 이름을 저의 입에서 제하여 다시는 그 이름을 기억하여 일컬음이 없게 하리라 그 날에는 내가 저희를 위하여 들짐승과 공중의 새와 땅의 곤충으로 더불어 언약을 세우며 또 이 땅에서 활과 칼을 꺾어 전쟁을 없이하고 저희로 평안히 눕게 하리라 내가 네게 장가들어 영원히 살되 의와 공변됨과 은총과 긍휼히 여김으로 네게 장가들며 진실함으로 네게 장가들리니 네가 여호와를 알리라"(호 2:16-20)

그러면 하나님께서 축복하신 회복과 영원한 사랑의 약속(언약)은 궁극적으로 어떤 시대를 전망하고 있는가?

호세아 선지자는 하나님께서 우리 가운데 의와 공변됨과 은총과 긍휼히 여김과 진실함으로 장가들고자 하시는 사랑의 열망을 아름답게 표현한 후, 계속해서 그 사랑의 언약의 대상을 구약의 이스라엘 세대가 아닌 700년 후에 다가오게 될 이방인 교회 세대로 확대시키고 있다.

> "내가 나를 위하여 저를 이 땅에 심고 긍휼히 여김을 받지

못하였던 자를 긍휼히 여기며 내 백성 아니었던 자에게 향하

여 이르기를 너는 내 백성이라 하리니 저희는 이르기를 주는

내 하나님이시라 하리라"(호 2:23)

이 말씀에서 긍휼히 여김을 받지 못했던 자, 내 백성이 아
니었던 자들은 바로 이방인들을 지칭한다. 이처럼 이스라엘
을 향해 장가들고자 하시는 하나님의 아름다운 사랑의 열망
은 다가오는 이방인 교회 세대를 향해 장구한 700년의 시공
을 넘어서고 있다.

얼마나 원대한 구속 역사의 사랑이신가? 이러한 원대하
신 하나님의 구속사의 사랑을 한낱 개인 인생사의 이야기로
만 왜곡한다면, 그래서 무한한 영광의 하나님을 10년, 20년
개인 인생이나 역전시켜 주시고 꿈이나 이루어 주시는 한심
한 하나님의 사랑으로 욕되게 한다면 결국 우리는 하나님의
구속사의 시와 때를 분별하지 못하는 복술의 신앙인들로 전
락하게 될 것이다.

오늘 우리 교회 세대의 당면한 과제는 하나님의 사랑을
지극히 개인적인 내 문제 중심으로만 바라보는 시각을 하나
님의 나라와 의의 완성을 위한 구속사의 시각으로 전환하는
것이다. 그러할 때 하나님의 말씀은 사람의 계명이 아니라
영원한 복음이 된다.

요한계시록은 지극히 크고 높은 산에서 완성될 거룩한 성

새 예루살렘의 시대를 노래하고 있는데, 그 거룩한 성 새 예루살렘은 예비된 어린양의 신부라고 증언하고 있다.

"일곱 대접을 가지고 마지막 일곱 재앙을 담은 일곱 천사 중 하나가 나아와서 내게 말하여 가로되 이리 오라 내가 신부 곧 어린양의 아내를 네게 보이리라 하고 성령으로 나를 데리고 크고 높은 산으로 올라가 하나님께로부터 하늘에서 내려오는 거룩한 성 예루살렘을 보이니"(계 21:9-10)

결국 하나님께서 호세아 선지자를 통해 열망하셨던 이스라엘과의 결혼의 서약은, 범죄한 구약 이스라엘 백성에 대한 심판과 지금의 이방인 교회 세대를 지나서, 교회 시대의 종국에 당신의 재림으로 완성될 것이다. 그런데 요한계시록 21:9-10에서는 분명히 어린양의 신부, 즉 예수 그리스도의 아내를 거룩한 성 새 예루살렘이라고 지칭하고 있다.

성경은 성도를 하나님의 집에 비유하고 구원받을 성도의 수가 채워지는 것을 하나님의 집이 지어져 가는 것으로 말씀한다.

"우리가 소망의 담대함과 자랑을 끝까지 견고히 잡으면 그의 집이라"(히 3:6)

"너희는 사도들과 선지자들의 터 위에 세우심을 입은 자라 그리스도 예수께서 친히 모퉁이 돌이 되셨느니라 그의 안에서 건물마다 서로 연결하여 주 안에서 성전이 되어 가고 너희도 성령 안에서 하나님의 거하실 처소가 되기 위하여 예수 안에서 함께 지어져 가느니라"(엡 2:20-22)

결국 하나님의 처소, 하나님의 집, 하나님의 성전, 곧 거룩한 성 새 예루살렘의 완성은 어린양의 아내, 즉 신부의 수가 찼음을 의미한다.

하나님의 영광이 거하실 처소인 거룩한 성 새 예루살렘이 완성되는 날(계 21:22-23), 즉 구원받을 신실한 이방인들의 수가 차게 되는 날(롬 11:25), 하나님의 결혼은 완성될 것이다(호 2:19-20). 그 날에 하나님의 영원한 사랑의 언약은 온전한 성취를 보게 된다.

하나님은 이 사랑의 서약이 성취되는 날까지 잠잠하지 않으시며 쉬지 않으실 것이다.

"나는 시온의 공의가 빛같이, 예루살렘의 구원이 횃불같이 나타나도록 시온을 위하여 잠잠하지 아니하며 예루살렘을 위하여 쉬지 아니할 것인즉 열방이 네 공의를, 열왕이 다 네 영광을 볼 것이요 너는 여호와의 입으로 정하실 새 이름으로 일컬음이 될 것이며 너는 또 여호와의 손의 아름다운 면류관, 네 하나님의 손의 왕관이 될 것이라 다시는 너를 버리운 자라 칭하지 아니하며 다시는 네 땅을 황무지라 칭하지 아니하고 오직 너를 헵시바라 하며 네 땅을 쁄라라 하리니 이는 여호와께서 너를 기뻐하실 것이며 네 땅이 결혼한 바가 될 것임이라 마치 청년이 처녀와 결혼함같이 네 아들들이 너를 취하겠고 신랑이 신부를 기뻐함같이 네 하나님이 너를 기뻐하시리라"(사 62:1-5)

이처럼 하나님께서는 영원한 결혼의 서약을 이루시기 위해 쉬지 않으시건만 오늘 우리는 신앙의 안식에 들어가 있다.

성경은 완성될 성의 이름을 거룩한 성이라고 했다. 그러므로 우리가 이 성으로 온전히 지어지기 위해서는, 이 성의 온전한 구성원이 되기 위해서는, 무겁고 얽매이기 쉬운 죄를 벗어 버리고(히 12:1) 온전한 거룩함을 이루는 성화의 길을 쉼 없이 달려가야 한다.

"너희가 순종하는 자식처럼 이전 알지 못할 때에 좇던 너희 사욕을 본 삼지 말고 오직 너희를 부르신 거룩한 자처럼 너희도 모든 행실에 거룩한 자가 되라 기록하였으되 내가 거룩하니 너희도 거룩할지어다 하셨느니라"(벧전 1:14-16)

성령께서는 빌라델비아 교회의 이기는 자를 향해 거룩한 성 새 예루살렘에 참여하는 축복을 약속하고 있다.

"이기는 자는 내 하나님 성전에 기둥이 되게 하리니 그가
결코 다시 나가지 아니하리라 내가 하나님의 이름과 하나님의
성 곧 하늘에서 내 하나님께로부터 내려오는 새 예루살렘의
이름과 나의 새 이름을 그이 위에 기록하리라"(계 3:12)

"주여! 주여!" 하는 빌라델비아 교회 교인 전부가 아니라 신실한 신앙의 이긴 자, 곧 하나님의 뜻을 행하는 자들만이 거룩한 성 새 예루살렘으로 지어져 창세로부터 예비된 하나님의 나라, 곧 영생(마 25:34, 46)을 상속받게 될 것이다.

이스라엘 백성을 향한 하나님의 영원한 열망의 완성인 거룩한 성 새 예루살렘의 실체가 구속사의 새 하늘과 새 땅에 도래하는 날, 그 옛날 범죄한 구약 이스라엘 세대가 철저하게 멸절되었듯이, 신앙의 거룩함을 온전히 이루지 못하고 입으로만 "주여! 주여!" 하는 이름뿐인 신앙인들 역시 철저하게 심판받아 거룩한 성 새 예루살렘 밖에서 슬피 울며 이를 갈게 될 것이다. 그러므로 우리는 하나님의 거룩함을 온전히 이루는 순결한 신부가 되기 위해 죄와 정욕에 대한 신앙의 싸움을 독려해야 한다.

"그러므로 우리는 두려워할지니 그의 안식에 들어갈 약속이 남아 있을지라도 너희 중에 혹 미치지 못할 자가 있을까 함이라 …… 그러므로 우리가 저 안식에 들어가기를 힘쓸지니 이는 누구든지 저 순종치 아니하는 본에 빠지지 않게 하려 함이라"(히 4:1, 11)

"이러므로 우리에게 구름같이 둘러싼 허다한 증인들이 있으니 모든 무거운 것과 얽매이기 쉬운 죄를 벗어 버리고 인내로써 우리 앞에 당한 경주를 경주하며"(히 12:1)

우리가 피 흘리기까지 싸워야 하는 신앙의 싸움은 부정적 사고, 부정적 입술, 꿈이 없는 삶, 그리고 가난과 실패와의 싸움이 아니라 죄와의 싸움이다(히 12:4). 이제 우리 모두는 신실하신 하나님의 사랑의 서약 앞에 흠도 점도 없이 순결한 신부로 나타나기를 힘써야 한다(벧후 3:14).

3. 그러므로 그 사랑은 희망이어라

> "하나님의 사랑의 언약은 이스라엘이라는 이름을 향한 영원한 구속사적 사랑이다."

이스라엘을 향한 하나님의 사랑은 슬픔이었다. 그리고 그 사랑은 아픔이었다. 그러나 또한 그 사랑은 희망이었다. 이제 하나님께서는 호세아에게 명령하신다.

> "여호와께서 내게 이르시되 이스라엘 자손이 다른 신을 섬기고 건포도 떡을 즐길지라도 여호와가 저희를 사랑하나니 너는 또 가서 타인에게 연애를 받아 음부 된 그 여인을 사랑하라 하시기로"(호 3:1)

결국 호세아가 다시 데려와야 할 여인은 그의 아내인 고멜 이외에 다른 사람일 수 없었다. 그래서 호세아는 은 열다섯 개와 보리 한 호멜 반으로 그녀를 다시 사서 서로가 서로에게 신실할 것을 간청한다.

"내가 은 열다섯 개와 보리 한 호멜 반으로 나를 위하여 저를 사고 저에게 이르기를 너는 많은 날 동안 나와 함께 지내고 행음하지 말며 다른 남자를 좇지 말라 나도 네게 그리하리라 하였노라"(호 3:2-3)

음부 된 아내를 다시 사랑해야 하는 호세아의 쓰라린 경험은 이스라엘에 대한 하나님의 사랑의 경험이 어떠한지를 말해 주고 있다.

호세아가 여전히 불성실한 자기 아내를 사랑할 수 있었듯이, 하나님도 여전히 불성실한 이스라엘을 사랑하셨다. 그러나 그 희망의 사랑을, 오늘 우리가 아무렇게나 신앙해도 하나님께서 우리를 무조건 사랑하시고, 무조건 구원해 주시는 것으로 해석·적용해서 결과적으로 신앙의 방종으로 흘러가게 해서는 안 된다. 그것은 하나님께서 이 사랑의 서약(호 2:16-20) 이후, 범죄한 이스라엘을 대적에게 내던지셨기 때문이다.

그러면 하나님의 사랑의 서약은 거짓인가? 아니다. 하나님은 비록 범죄한 이스라엘은 버리셨지만, 새 이스라엘인 이방인 교회 세대를 통해 당신의 영원한 사랑의 서약을 성취시키신다. 그러므로 이 사랑의 서약은 이스라엘이라는 이름을 향한 하나님의 영원한 구속사적 사랑을 의미한다.

범죄한 이스라엘은 과거의 이스라엘로 구속사의 무대에

서 멸절되어 갔지만, 하나님은 계속해서 새 이스라엘인 이
방인 교회 세대를 통해 당신의 끊임없는 구속사의 사랑을
실현해 가신다. 바로 이것이 구약에서 약속된 하나님의 사
랑의 신비이다.

요한계시록 2:17과 3:12에서 이방인 교회 세대에게 새
이름의 복이 약속되어 있다.

"귀 있는 자는 성령이 교회들에게 하시는 말씀을 들을지어
다 이기는 그에게는 내가 감추었던 만나를 주고 또 흰 돌을 줄
터인데 그 돌 위에 새 이름을 기록한 것이 있나니 받는 자밖에
는 그 이름을 알 사람이 없느니라"(계 2:17)

"이기는 자는 내 하나님 성전에 기둥이 되게 하리니 그가
결코 다시 나가지 아니하리라 내가 하나님의 이름과 하나님의
성 곧 하늘에서 내 하나님께로부터 내려오는 새 예루살렘의
이름과 나의 새 이름을 그이 위에 기록하리라"(계 3:12)

교회 세대에게 새 이름을 약속하신 의미가 무엇일까? 이
것은 복된 이방인 교회 세대 앞에서 범죄한 구약의 이스라
엘이, 옛 이름이 되어 구속사의 무대에서 떠나갔듯이, 주님
다시 오시는 재림의 그 날에 입으로만 "주여! 주여!" 하던
신실하지 못한 이방인 교회 세대 역시 구속사의 무대에서

종이 축이 말림 같이 떠나가고, 오로지 신실한 신앙의 남은 자들, 곧 이긴 자들(계 2:7, 11, 17, 26; 3:5, 12, 21)만이 새 이름의 위대한 복의 역사에 동참하게 될 것을 의미한다.

우리는 다함이 없는 하나님의 사랑의 약속, 사랑의 부르심을 신앙의 방종에 대한 면죄부로 생각해서는 안 된다. 그것은 하나님께서 범죄한 이스라엘, 곧 옛 이름의 구약 이스라엘 신앙의 세대를 반드시 멸절시키셨고, 앞으로도 구약 이스라엘의 옛 이름과 대비해서 새 이름의 이스라엘인 이방인 교회 세대들 가운데서 입으로만 "주여! 주여!" 하는 신실하지 못한 교인들 또한 반드시 멸절시키시고, 하나님의 말씀대로 하나님의 뜻대로 행하는 신실한 신앙의 이긴 자들을 통해 또 다시 새 이름의 복된 시대(계 2:17; 3:12)를 허락하실 것이기 때문이다.

호세아는 하나님의 변하지 않는 사랑에 대해 다음과 같이 머나먼 미래를 전망하고 있다.

> "이스라엘 자손들이 많은 날 동안 왕도 없고 군도 없고 제사도 없고 주상도 없고 에봇도 없고 드라빔도 없이 지내다가 그 후에 저희가 돌아와서 그 하나님 여호와와 그 왕 다윗을 구하고 말일에는 경외함으로 여호와께로 와 그 은총으로 나아가리라"(호 3:4-5)

이 사랑의 언약의 말씀은 이스라엘이 바벨론 포로 생활에서 해방되어 고국으로 돌아옴으로써 일차적으로 성취되었다. 그러나 그들은 다시 헬라제국과 로마제국의 지배를 받았다. 위 말씀에서 '그 왕 다윗'은 메시아, 곧 예수 그리스도를 상징한다. 그러나 이스라엘 백성은 메시아로 오신 예수 그리스도를 못 박아 죽였기 때문에 이스라엘 민족은 초림의 예수 그리스도를 영접하지 못했다. 오히려 이스라엘 민족은 기원후 70년 로마의 디도 장군에 의해서 예루살렘이 돌 위에 돌 하나도 남지 않고 무너진 후 2천여 년이나 세계 각국에서 유리하게 되었다. 그러므로 "이스라엘 민족이 그들의 왕 다윗을 구하고 말일에는 경외함으로 여호와께로 와 그 은총으로 나아가리라"는 복된 약속은 아직 성취되지 않은 미래의 종말적 개념이다.

사도 바울은 이방인 교회 세대를 넘어 온 이스라엘이 하나님께로 돌아오는 시대를 전망한다.

"형제들아 너희가 스스로 지혜 있다 함을 면키 위하여 이 비밀을 너희가 모르기를 내가 원치 아니하노니 이 비밀은 이방인의 충만한 수가 들어오기까지 이스라엘의 더러는 완악하게 된 것이라 그리하여 온 이스라엘이 구원을 얻으리라 기록된바 구원자가 시온에서 오사 야곱에게서 경건치 않은 것을 돌이키시겠고 내가 저희 죄를 없이 할 때에 저희에게 이루어

질 내 언약이 이것이라 함과 같으니라"(롬 11:25-27)

하나님께서는 범죄한 구약의 이스라엘 세대를 철저하게 심판하셨다. 그러나 하나님의 다함이 없는 사랑은 아주 먼 훗날 이스라엘 민족을 다시 한 번, 당신의 보좌로 불러 모으실 것이다. 그리고 그 날에 하나님께서는 참감람나무의 원 가지들인 구약 이스라엘을 아끼지 않으시고 철저하게 심판하셨던 것처럼 접붙임 된 돌감람나무가지인 이방인 교회 세대를 철저하게 심판하실 것이다.

"또한 가지 얼마가 꺾여졌는데 돌감람나무인 네가 그들 중에 접붙임이 되어 참감람나무 뿌리의 진액을 함께 받는 자 되었은즉 그 가지들을 향하여 자긍하지 말라 자긍할지라도 네가 뿌리를 보전하는 것이 아니요 뿌리가 너를 보전하는 것이니라 그러면 네 말이 가지들이 꺾이운 것은 나로 접붙임을 받게 하려 함이라 하리니 옳도다 저희는 믿지 아니하므로 꺾이우고 너는 믿으므로 섰느니라 높은 마음을 품지 말고 도리어 두려워하라 하나님이 원 가지들도 아끼지 아니하셨은즉 너도 아끼지 아니하시리라"(롬 11:17-21)

이처럼 하나님의 말씀은 몇 구절의 말씀 속에서 1천 년, 2천 년의 시공을 넘나든다. 그러므로 하나님의 약속의 복은 겨우 인생 10년, 20년 잘 먹고, 잘살고, 물질 복 받고, 성공하고, 문제 해결 받고, 인생의 꿈을 이루는 썩어 없어질 천하만국의 영광과 관련된 것이 아니라, 예수 그리스도의 초림과 재림을 중심으로 하는 장구한 구속사와 관련된 것이다.

하나님의 약속의 말씀을 오늘날처럼 10년 20년 후의 개인 인생의 꿈과 성취에 국한시켜 적용하면 하나님의 구속사의 원대한 경륜을 간과하게 되며, 기독교 신앙은 이 땅에서 풍요와 다산의 번영을 추구하는 복술로 전락하게 된다.

호세아 3:4-5에서 약속된 이스라엘의 회복은 그들의 왕 다윗을 구하는 '말일'에 가서야 온전한 성취를 보게 될 것이다. 이 복된 약속은 호세아 선지자가 예언하던 당시로부터 예수님이 이 땅에 오셨던 날까지 이미 700년의 세월을 지나고, 다시 초림의 예수 그리스도로부터 오늘날까지 이미 2천여 년의 세월을 지나서, 재림의 그 날인 '말일'을 전망하고 있다.

그 날에 믿지 않으므로 꺾였던 참감람나무의 원 가지들인 온 이스라엘이 하나님께로 돌아올 것이고, 그 날에 하나님의 영원한 사랑의 서약은 장엄한 구속사 위에서 그 희망의 성취를 보게 될 것이다(롬 11:17-21; 25-27).

결국 이방인의 충만한 숫자가 차는 날(롬 11:25)이 말일이고(호 3:5), 그 날에 구원자가 시온에서 오실 것인데(롬 11:26), 주님이 이 땅에 다시 오시는 바로 그 날에 온 이스라엘이 하나님께로 돌아올 것이다(롬 11:26). 그래서 "저희가 돌아와서 그 하나님 여호와와 그 왕 다윗을 구하고 말일에는 경외함으로 여호와께로 와 그 은총으로 나아가리라"(호 3:5)는 호세아서의 위대한 지복의 약속이 그 결실을 맺게 된다. 이처럼 하나님의 영원한 사랑의 약속은 분명 호세아가 예언하던 당시로부터 오늘날까지, 그리고 다가오는 재림의 날까지 어언 2천 7백여 년의 세월을 가로지르고 있다.

하나님의 시간법은 인간의 시간법과 달라서 천 년이 하루 같고, 하루가 천 년 같다(벧후 3:8). 그러므로 하나님의 약속의 말씀을 개인 인생 10년 20년의 울타리에 묶어서 아침 안개처럼 사라져 갈 허무한 인생의 꿈과 성취에 적용해서는 안 된다.

하나님의 영원한 사랑의 약속은 이스라엘 백성으로 출생만 해도, 교회만 출입해도 반드시 누릴 수 있는 것이 절대로 아니다.

오늘날까지 이 영원한 사랑의 메시지가 2천 7백여 년의 세월을 달려오는 동안 범죄한 이스라엘은 바벨론에 의해서 철저한 하나님의 심판을 경험했고, 다시 헬라 제국에 의해 유린당하고, 로마 제국에 의해서 세계 각지로 분산되어 2천여 년의 세월을 나라 없는 민족으로 밟히고 찢기고 죽임을 당하고 심지어는 나치 독일의 히틀러에 의해 6백만이 학살되는 심판의 참상을 경험해야 했다. 이처럼 참감람나무의 원 가지들인 구약 이스라엘에 대해 하나님의 철저한 심판이 집행되었듯이, 이제 곧 회개에 합당한 열매를 맺지 못한 접붙임 된 돌감람나무 가지인 영적 이스라엘에 대한 철저한 심판이 집행될 것이다.

신약의 영적 이스라엘 곧 이방인 교회 세대 가운데서 입으로만 "주여! 주여!" 하는 방종의 신앙인들은 철저하게 분리되고, 철저하게 꺾이고, 철저하게 파멸될 것이다. 바로 이것이 사도 바울이 참감람나무의 원 가지들인 이스라엘(롬 11:17)의 회복(롬 11:25-26)을 확신하면서 또한 아울러 그 하나님께서 접붙임 된 돌감람나무 가지인 이방인 교회 세대를 아껴 보지 않으실 수 있음을 경고했던 이유이다(롬 11:20-21).

하나님께서는 음란한 아내를 향한 호세아의 사랑을 통해서 하나님의 용서하시는 사랑이 어떠한지를 보여 주신다(호 3:1). 바로 이것이 우리를 향한 하나님의 다함이 없으신 사랑이다. 그러나 이 사랑은 범죄한 참감람나무인 구약 이스라엘과 접붙임 된 돌감람나무 가지인 우리들을 무조건 천국 보내어 주신다는 말씀이 아니다. 범죄한 구약 이스라엘이나 신약의 우리는 오로지 철저한 회개를 통해서만 하나님의 이 영원한 사랑의 약속 안으로 들어갈 수 있다. 그래서 회개에 합당한 열매를 맺는 신앙인만이 하나님의 희망의 사랑 안에서 영원한 안식의 약속을 향유할 수 있다.

구약 이스라엘은 멸망하는 순간까지 하나님의 사랑을 자신들의 선민 특권을 존속시켜 주시는 자기들만을 위한 사랑으로 맹신하고 과신했다. 바로 이것이 이스라엘 신앙의 비극이었다.

　오늘날도 입술로 "주여! 주여!" 하는 가 하나님의 사랑의 약속을 하나님의 자녀 된 특권과 구원 특권을 유지시켜 주시는 약속으로 맹신하고 과신하고 있다. 그러나 원 가지들도 아끼지 않으신 하나님께서는 접붙임 된 방종한 돌감람나무 가지에 대해서도 긍휼을 베풀지 않으실 것이다. 오로지 신앙의 이긴 자들(계 2:7, 11, 17, 26; 3:5, 12, 21)만이 하나님께서 약속하신 희망의 사랑 안에서 영생의 영광을 누리게 될 것이다.

4. 하나님의 사랑의 약속을 방종의 신앙으로 왜곡한 백성과 지도자들

> "예수님은 이 세상에서 머리 둘 곳 없이 나그네로 사셨다. 그럼에도 어리석은 우리는 넓은 아파트 분양받고 고급 차 소유한 것을 하나님께서 주신 복으로 생각한다."

하나님께서는 심판을 피할 수 없는 이스라엘의 신앙 상태에 대해서 다음과 같이 지적하신다.

"이스라엘 자손들아 여호와의 말씀을 들으라 여호와께서 이 땅 거민과 쟁변하시나니 이 땅에는 진실도 없고 인애도 없고 하나님을 아는 지식도 없고 오직 저주와 사위(속임)와 살인과 투절(도적질)과 간음뿐이요 강포하여 피가 피를 뒤대임이라 그러므로 이 땅이 슬퍼하며 무릇 거기 거하는 자와 들짐승과 공중에 나는 새가 다 쇠잔할 것이요 바다의 고기도 없어지리라"(호 4:1-3)

이스라엘 백성은 분명히 율법의 말씀을 배웠고, 율법의 예식을 배웠다. 그런데 왜 하나님께서는 그들을 향해 하나님을 아는 지식이 없는 백성이라고 하셨을까? 그것은 하나님의 말씀대로 순종하는 삶의 열매를 결실하지 못한 그들에게 하나님의 심판이 준비되고 있음을 알지 못하고, 여전히 두 마음을 가지고 하나님과 우상을 겸하여 섬기며, 신령과 진정의 야훼 신앙을 단지 종교 행위로 전락시켰기 때문이다.

오늘날에도 처음 사랑을 회복해야 되는 에베소 교회가 첫사랑을 회복하지 못하면 촛대가 옮겨지는 심판을 당할 것임에도 불구하고(계 2:4-5) 성령이 교회들에게 하시는 경고의 말씀(계 2:7)은 듣지 않고 평강 타령, 축복 타령, 비전 타령, 문제 해결 타령의 가르침에 아멘 하고 있다면 그들은 자기 부인(否認)의 십자가를 지는 신앙인이 아니라 예배당을 출입하는 종교인들이다. 따라서 그들은 하나님을 아는 지식을 가지지 못한 백성이다.

버가모 교회가 듣고 있는 교훈들이 니골라당의 교훈처럼 믿음의 의를 남용해서 교회로 하여금 신앙의 방종에 빠지게 하는 교훈들이고, 물욕을 못 박게 하지 못하는 발람의 교훈, 즉 복술의 교훈들(계 2:14-15)이라면, 그들 역시 하나님을 아는 지식이 없는 백성이다.

두아디라 교회 교인들이 사업과 사랑과 믿음과 섬김과 인

내에 있어서 나중 행위가 처음보다 아무리 많아졌다 할지라도(계 2:19) 세상의 부와 성공을 꿈꾸게 하는 세속적 교훈을 가진 이세벨, 즉 복술의 거짓 선지자를 종님! 종님! 선생님! 선생님! 하며 받들고 있다면, 주님으로부터 내어침을 받고 사망의 재앙을 받게 될 것이다(계 2:23).

이세벨은 두아디라 교회에게 하나님을 믿지 말고 자신을 하나님으로 믿으라고 했던 자칭 재림주가 아니다. 이세벨은, 하나님을 믿으면서도 얼마든지 세상의 부와 성공의 기회를 소유할 수 있다는 교훈으로 교회를 십자가의 좁은 길이 아니라 세상의 넓은 길로 인도했던 그 당시 잘나가고 힘 있는 자칭 선지자, 곧 거짓 선지자였다.

당시 두아디라 지역은 염색 공업이 발달한 지역이었고 이와 관련된 동업조합이 많았다. 그래서 정상적인 사회경제활동을 위해서는 모두가 조합의 회원이 될 수밖에 없었는데, 문제는 조합원들이 정기적으로 우상에게 제사를 지냈다는 것이다. 그러므로 지속적 경제활동을 위한 회원 자격을 유지하기 위해서는 조합원들이 거행하는 이방 제사의식에 참여해야만 했다. 때문에 그리스도인에게는 두 가지 선택의 길이 주어졌다. 하나는 교회도 출입하며 경제적 부의 획득을 위해 이방 제사의식에 참여하는 것이고, 다른 하나는 경제적 기회가 박탈된다 할지라도, 그래서 막대한 경제적 기회를 잃어버린다 할지라도 이방 제사의식에 참여하지 않고 그 제의에 바쳐진 부정한 음식을 먹지 않고 오로지 하나님의 말씀에 순종해서 십자가의 좁은 길을 걸어가는 것이었다.

이때 자칭 선지자 이세벨은, 세상에서 주어진 막대한 경제적 기회를 포기하지 말고 조합원들과의 원활한 교제를 위해 제의에 바쳐진 음식을 먹는다 할지라도 대신에 소유하게 된 경제적 부를 가지고 헌금만 많이 할 수 있다면 오히려 하나님께 영광이 된다는 축복관으로 갈등하는 교인들을 미혹했다. 결국 그녀의 가르침은 갈등하는 두아디라 교회 교인들에게 희망의 돌파구가 되었다.

두아디라 교회 교인들은 교회도 출입하면서 세상에서 경제적 기회도 잃지 않는 '축복 받은 인생?'이 될 수 있었다. 그들은 세속화되었고, 자기 부인의 십자가를 지는 대신에 소유하게 된 경제적 부요를 기뻐하고 즐거워하며 천국도 확실히 갈 것으로 믿게 되었다. 그러나 세상에서의 영광과 복과 형통을 누리기 위해 복술의 교훈을 전하는 거짓 선지자를 용납해서 세속화된 두아디라 교회는 하나님을 아는 지식이 없는 백성이다.

사데 교회 교인들도 예배당을 출입하며 교회에 적을 두고 있기 때문에 살았다 하는 이름, 즉 크리스천이라고 불릴 수 있었다(계 3:1). 그러나 그들에게 행위의 온전한 것이 없다면(계 3:2), 즉 행함으로 온전해진 믿음이 없으면 그들은 구원받을 수 없다. 그러므로 그들은 도적같이 오시는 주님을 영접할 수 없게 된다(계 3:3). 이처럼 사데 교회가 행함의 열매를 결실하지 못한다면 그래서 자신들에게 주님께서 도적같이 임하실 수 있음을 알지 못한다면 그들은 하나님을 아는 지식을 가지지 못한 백성이다.

미지근한 라오디게아 교회 교인들도 신앙이 차든지 덥든지 하지 않으면 주님의 입에서 토하여 내침을 받는다(계 3:14)는 경고의 말씀은 듣지 않고, 꿈 타령, 축복 타령, 성공 타령의 가르침에 열광하며 스스로 구원받은 자로 확신하면서 당연히 이 세상에서 부와 영향력도 소유할 수 있다는 헛된 '왕의 자녀' 의식에 젖어 스스로를 신앙의 부요한 자로 자처하고 있다면, 그들 역시 하나님을 아는 지식을 가지지 못한 백성이다.

오늘날 교인들은 긍정적 사고와 입술의 믿음을 가지고 신앙의 부요한 자로 자처한다. 그들에게는 세상의 꿈을 향한 뜨거운 소원은 있어도 자기 부인의 십자가를 지기 위한 뜨거움은 없다. 그들은 세상의 꿈을 향한 소원이 너무 뜨거운 나머지 내일의 의식주와 관련된 문제는 구하지 말라는 주님의 명령도 잊은 채, 내일의 의식주는 물론이거니와 그보다도 더 어마어마한 생의 포부와 욕망을 위해 다윗의 장막을 뜨겁게 출입하며 열광으로 몸을 떨고 땀 흘리며 기도한다.

하나님을 아는 지식을 결여한 이스라엘 백성, 그래서 진실과 인애(仁愛)를 결여한 이스라엘 백성이 맺을 삶의 열매는 저주와 사위(거짓과 위증)와 살인과 투절(도적질)과 강포와 간음뿐이었다(호 4:1-3). 그것은 이스라엘 공동체 내에서 사랑이 결여된 입술뿐인 신앙의 당연한 결국이었다.

사도 요한은 형제 사랑의 절대적 교훈을 다음과 같이 증거했다.

"그 형제를 미워하는 자마다 살인하는 자니 살인하는 자마다 영생이 그 속에 거하지 아니하는 것을 너희가 아는 바라"(요일 3:15)

형제를 미워함이 살인이라고 했다. 그러므로 사랑이 없는 이스라엘 종교계, 다툼이 있는 이스라엘 종교계, 분열이 있는 이스라엘 종교계, 반목이 있는 이스라엘 종교계, 바로 그들이 맺은 악한 삶의 결정체가 살인이었다.

그들의 삶 속에 사랑이 없다는 것이다. 그들의 삶 속에 미움이 가득하다는 것이다. 그들에게는 진실도 없고 인애도 없고 하나님을 아는 지식도 없고 오직 저주와 속임과 살인과 도둑질과 간음뿐이었고 포악하여 피가 피를 뒤이음뿐이었다(호 4:2). 그러면서도 자신들의 행위와 마음의 죄악을 회개하지 않았다.

백성의 죄악이나 제사장의 죄악이나 그 우열을 가리기 힘들 정도로 완악해졌다. 그래서 호세아 선지자는 지도자나 백성이나 심판을 받게 되는 원인이 "누구 책임이다."라고 다투지 말라는 의도로 "아무 사람이든지 다투지도 말며 책망하지도 말라"고 했다(호 4:4). 백성이나 제사장이나 심판의 원인을 서로에게 전가하며 다툴 필요조차 없었다. 그들 모두는 똑같이 하나님의 말씀에 귀를 기울이지 않았으면서 오히려 책임을 전가하고 변명만 하는 사람들이었다.

한마디로 이스라엘 종교계는 종교적 열정의 제사는 있었지만 사랑의 삶이 없었다. 그 결국에 이스라엘은 주님으로부터 '십일조라는 종교적 열정은 있지만 율법의 더 중한바 의와 인과 신은 없다.'고 책망을 받았다.

> "화 있을진저 외식하는 서기관들과 바리새인들이여 너희가 박하와 회향과 근채의 십일조를 드리되 율법의 더 중한바 의와 인과 신은 버렸도다 그러나 이것도 행하고 저것도 버리지 말아야 할지니라"(마 23:23)

호세야 선지자 때나, 주님 때나 구약 이스라엘 백성은 십일조를 하면 복을 받는다는 것은 배웠어도, 의와 인과 신을 행하지 않으면 절대로 구원을 받지 못한다는 심판의 경고는 듣지 못했다.

먼 훗날 세례요한은 주님의 길을 예비하면서 그들에게

회개에 합당한 열매 맺을 것을 촉구하며 열매 맺지 않는 나무마다 찍혀 불에 던짐을 당할 것이라고 경고했다(마 3:7-10). 세례요한의 광야에서의 외침이야 말로 그 당시 십일조 축복 설교가 홍수처럼 난무하는 타락한 이스라엘의 종교계에 빛으로 나타났던 참복음이고 설교였다.

이미 오래 전에 모세 선지자는 지도자들과 백성의 죄악이 소돔의 포도나무와 고모라 밭의 소산으로 결실될 것을 예언하며 하나님께서 그들의 죄악을 심판의 날까지 당신의 심판의 곳간에 저장하여 갈 것을 다음과 같이 예언했다.

"그들의 포도나무는 소돔의 포도나무요 고모라의 밭의 소산이라 그들의 포도는 쓸개 포도니 그 송이는 쓰며 그들의 포도주는 뱀의 독이요 독사의 악독이라 이것이 내게 쌓이고 내 곳간에 봉하여 있지 아니한가 보수는 내 것이라 그들의 실족할 그때에 갚으리로다 그들의 환난의 날이 가까우니 당할 그 일이 속히 임하리로다 여호와께서 자기 백성을 판단하시고 그 종들을 인하여 후회하시리니 곧 그들의 무력함과 갇힌 자나 놓인 자가 없음을 보시는 때에로다"(신 32:32-36)

모세 선지자의 이 예언이 있은 지 700여 년의 시간이 지난 후 이사야 선지자가 범죄한 남유다를 향해 회개를 촉구하며 종답지 못한 지도자들을 소돔의 관원들이라고 정죄하고, 백성답지 못한 백성을 고모라의 백성이라고 정죄할 때 (사 1:10), 호세아 선지자는 범죄한 북이스라엘의 신앙의 타락을 간음한 여인의 죄악으로 정죄하며 구속사의 무대에 등장했던 것이다. 그는 몸소 하나님의 말씀에 순종해서 음란한 여인 고멜을 아내로 맞이하면서 이스라엘을 향한 하나님의 비극적 슬픈 사랑을 뼈저리게 경험했다.

이스라엘은 하나님께서 호세아 선지자를 통해 촉구하시는 회개와 심판의 메시지는 들으려 하지 않으면서도 여전히 양 떼와 소 떼를 이끌고 여호와를 찾으러 성전을 출입하는 음란한 백성이었다.

> "에브라임은 내가 알고 이스라엘은 내게 숨기지 못하나니 에브라임아 이제 네가 행음하였고 이스라엘이 이미 더러웠느니라 저희의 행위가 저희로 자기 하나님에게 돌아가지 못하게 하나니 이는 음란한 마음이 그 속에 있어 여호와를 알지 못하는 까닭이라 …… 저희가 양 떼와 소 떼를 끌고 여호와를 찾으러 갈지라도 만나지 못할 것은 이미 저희에게서 떠나셨음이라"(호 5:3-4, 6)

오늘날도 하나님과 세상을 더불어 사랑하는 음란한 마음을 가진 신앙인들이(약 4:4) 요한계시록 2장과 3장의 심판의 경고는 듣지 않으면서도, 여전히 꿈을 디자인하며 소 떼와 양 떼는커녕 소 뒷다리 양 꼬리 정도의 헌물을 가지고 교회당을 찾아와서 '긍정의 힘'이라는 정력제를 맞고 꿈을 이루기 위해, 영향력 있는 인생이 되기 위해 세상으로 돌아간다. 바로 이것이 그 옛날 음란한 구약 이스라엘의 종교 행위에 투영되어 있는 오늘날 우리 교회 세대의 자화상이다.

호세아서는 음란한 마음, 즉 하나님과 우상을 겸하여 섬기는 이스라엘 백성의 신앙을 행음으로 비유한다. 비록 이스라엘 백성이 율법의 지식을 가지고 있다 할지라도 하나님과 우상을 더불어 섬기는 음란한 가운데 있었기 때문에 그들은 하나님을 알지 못하는 신앙인이었다.

오늘날도 마찬가지이다. 아무리 성경을 달달 외우고 있다 할지라도 하나님과 세상, 하나님과 물질을 겸하여 사랑하는(마 6:24) 자는 하나님을 아는 지식이 없는 무지몽매한 신앙인이다. 그리고 십일조와 약간의 감사헌금 외에는 자기의 가진 모든 것이 처자와 손자 손녀를 위한 것이라 생각하며 그들을 위해서 마음껏 사용하는 신앙인들은 주인의 것을 도적질하는 불의한 청지기들이다. 이들 역시 하나님을 아는 지식을 가지지 못한 백성이다.

이스라엘 백성의 신앙을 하나님의 말씀을 듣지 않는 완고한 신앙으로, 그래서 하나님을 알지 못하는 신앙으로 만든 제사장과 목회자들은 하나님의 징계를 결코 피할 수 없었다.

호세아 시대의 음란한 마음의 이스라엘 백성이 들어야 하는 하나님의 말씀은 "우리는 할례를 받고 아브라함의 자손이 되었으니 복 받은 민족이고 하나님은 우리를 사랑하신다."라는 달콤한 메시지가 아니다. "우리는 성전을 출입하고 하나님께 양과 소를 잡아 제사를 드리고 있으니 하나님의 언약을 가진 선민이다. 그러므로 우리의 인생에는 승리와 복만이 있다."라는 신바람 나는 메시지도 아니다.

그들이 들어야 하는 하나님의 메시지는 "너희가 두 마음을 품고 하나님과 우상을 겸하여 섬긴 이상, 그것은 행음의 죄악이고 그 두 마음을 가지고 성전을 출입하며 드리는 예배, 그 두 마음을 가지고 드리는 양과 소의 제사는 하나님께서 절대로 받지 않을 것인즉, 지금이라도 돌이켜 마음과 성품과 힘을 다해 주 너희 하나님을 사랑하라. 그리고 그 사랑의 증거로서 회개에 합당한 열매를 맺으라. 그렇지 않으면 정녕히 죽으리라."라는 경고의 말씀이었다.

그러나 이스라엘 백성은 "우리의 하나님은 좋으신 하나님이다. 우리의 하나님은 구원의 하나님이다. 우리의 하나님은 축복하시는 하나님이다. 우리의 하나님은 응답해 주시는 하나님이다. 우리의 하나님은 해결해 주시는 하나님이다."라는 거짓 선지자들의 평강의 가르침은 열심히도 아멘! 하면서, 호세아 선지자가 대언하는 하나님의 심판의 경고와 회개를 촉구하는 말씀에 대해서는 귀를 막아 버렸다. 바로 이것이 그들이 범한 씻을 수 없는 죄악이고, 피할 수 없는 멸망의 선택이었다.

물론 구약의 제사장들도 백성에게 율법을 가르쳤다. 그러나 하나님께서 음란한 마음의 백성을 향해 얼마나 진노하고 계시고 심판을 준비하고 계심을 경고하지 않았다. 그러므로 그들이 바알의 교리를 가르쳤기 때문에 거짓 선지자가 되었던 것이 아니라, 백성들을 향해 분노하고 계시는 하나님을 무조건 축복해 주시는 하나님으로만 가르쳤기 때문에 "이에 물면 평강을 외치는 거짓 선지자들"(미 3:5)이 되었던 것이다.

마찬가지로 오늘날도 교회에서 목사들이 석가모니의 교리와 공자의 교리를 가르쳐서 거짓 선지자가 되는 것이 아니라, 회개에 합당한 열매를 맺지 못하면 반드시 심판을 받는다는 경고의 말씀은 전하지 않으면서 입만 열었다 하면 축복 타령, 구원 타령, 비전 타령, 문제 해결 타령, 승리 타령이나 하고 있기 때문에, 책망 받았던 구약의 제사장들, 즉 구약 이스라엘의 종교 지도자들의 사악한 계보(요 8:44)를 따라 거짓 선지자가 되고 독사의 새끼가 되는 것이다.

이제 양 떼와 소 떼를 가지고 하나님을 찾았지만 음란한 마음을 가진 이스라엘에게 멸망이 선언되었다.

"내가 네 어미를 멸하리라"(호 4:5)

여기서 '어미'는 여호와께 정조를 지키지 않은 북이스라엘 나라를 가리킨다. 북이스라엘 백성 한 사람 한 사람이 모두 사생자(私生子)가 되었기에 북이스라엘 나라 자체가 하나님으로부터 심판을 받는다. 이스라엘 백성의 행음이나, 교회 시대의 행음은 그 첫 번째 원인이 잘못된 목회자들 때문이다. 그래서 주님께서는 요한계시록 19:11에서 백마 탄 자로 강림하셔서 짐승과 거짓 선지자를 심판하신다(계 19:20).

이스라엘의 몰락은 목회자들의 영적인 무지로 인함이다. 하나님께서는 그들에게 심판을 선언하신다.

"선지자는 밤에 거치리라(넘어지리라)"(호 4:5)

종말에도 악한 종들의 역사가 있다(마 24:48). 그런데 그들이 악한 종이 된 첫째 이유는 "주인이 더디 오리라."라고 생각했기 때문이다. 그런 종들에게는 멸망이 홀연히 이름과 같이 주님께서 도적같이 그들에게 임하심으로 그들을 심판하신다(살전 5:2-3).

"주인이 더디 오리라."고 생각하는 악한 종들은 도적같이 임하시는 신랑을 영접케 하기 위해 신부인 백성으로 하여금 등과 기름을 예비하게 할 수 없다. 결국 그들은 "그 집 사람들을 맡아 때를 따라 양식을 나눠 줄 수 있는 충성되고 지혜 있는 종"(마 24:45)이 아니기 때문에 악한 종이 되는 것이다.

주님께서는 그 악한 종들이 술친구들로 더불어 먹고 마신다고 하셨다(마 24:49). 종들이 술에 취해 있으니 백성이 함께 취하게 되는 것이다. 여기서 술은 우리가 일상적으로 마시는 포도주와 독주를 가리키는 것이 아니다. 종들이 술에 취했다는 것은 하나님의 말씀에 소경 되었다는 의미이다.

"너희는 놀라고 놀라라 너희는 소경이 되고 소경이 되라 그들의 취함이 포도주로 인함이 아니며 그들의 비틀거림이 독주로 인함이 아니라 대저 여호와께서 깊이 잠들게 하는 신을 너희에게 부어 주사 너희의 눈을 감기셨음이니 눈은 선지자요 너희 머리를 덮으셨음이니 머리는 선견자라 그러므로 모든 묵시가 너희에게는 마치 봉한 책의 말이라 그것을 유식한 자에게 주며 이르기를 그대에게 청하노니 이를 읽으라 하면 대답하기를 봉하였으니 못하겠노라 할 것이요 또 무식한 자에게 주며 이르기를 그대에게 청하노니 이를 읽으라 하면 대답하기를 봉하였으니 못하겠노라 할 것이요 또 무식한 자에게 주며 이르기를 그대에게 청하노니 이를 읽으라 하면 대답하기를 나는 무식하다 할 것이니라 주께서 가라사대 이 백성이 입으로는 나를 존경하나 그 마음은 내게서 멀리 떠났나니 그들이 나를 경외함은 사람의 계명으로 가르침을 받았을 뿐이라"(사

29:9-13)

　이처럼 목회자들의 취함과 비틀거림은 실제 술인 포도주와 독주로 인함이 아니다. 그들이 하나님 보시기에 취하여 비틀거리고 있다는 것은 하나님의 말씀에 소경 되었다는 것이다. 술에 취한, 즉 하나님의 말씀에 소경 된 그들은 하나님의 뜻과는 상관없는 인생의 교훈들을 하나님의 말씀이라고 설교했고, 결국 사람의 계명 같은 교훈 설교를 들은 어리석은 백성은 입으로는 하나님을 가까이 하고 입술로는 하나님을 존경할 수 있었지만 마음으로는 하나님을 경외할 수 없었다.

　오늘날도 긍정적 사고와 입술을 믿음으로 배운 어리석은 백성은 밤낮 입으로는 하나님을 가까이하지만, 부모와 처자와 소유에 대한 자기 부인의 십자가는 지지 않는다. 그러므로 예수님은 이 세상에서 머리 둘 곳 없이 나그네로 사셨어도 그들은 넓은 아파트 분양받고 고급 차 소유한 것을 하나님께서 주신 복으로 생각한다.

　비틀거리고 취한 그들은 바로 이스라엘의 선지자요 선견자들이다. 그러니 어떻게 그들이 때를 따라 양식을 나누어 주는 충성되고 지혜 있는 종이 될 수 있었겠는가? 겉으로야 하나님의 말씀 몇 구절을 인용하기에 그들의 설교가 하나님의 말씀 같지만, 그 모든 것은 하나님의 말씀을 빙자한 사람의 계명일 뿐이고, 그들은 단지 묵시의 봉한 책의 말씀에 소경 된 악한 종에 불과했다.

오늘날 하나님의 말씀 몇 구절을 인용한 꿈 타령, 축복 타령, 문제 해결 타령, 승리 타령, 응답 타령하는 그 모든 가르침들은 입으로는 하나님을 가까이하게 하고, 입술로는 하나님을 존경하게 할 수 있지만 사람의 계명에 불과하다. 소경 된 목회자가 소경 된 백성을 인도하고 있으니 함께 구덩이에 빠져갈 뿐이다(마 15:14). 그 목회자들은 주의 이름으로 선지자 노릇은 해도, 그 백성들은 입술로 "주여! 주여!"는 해도 그 날에 주님으로부터 "나는 너희를 도무지 모른다."라는 심판을 선고받게 될 것이다(마 7:21-23).

에덴동산에서 최초의 하나님의 명령은 선악과를 먹으면, 즉 말씀대로 살지 않으면 정녕히 죽는다는 것이었다. 그리고 선악과를 먹은, 즉 말씀대로 살지 않은 아담과 하와는 정녕히 죽었다. 그러므로 우리도 잃어버린 처음 사랑의 행위를 회복하지 않으면(계 2:5), 행위의 온전한 것을 통해 일깨워 살지 않으면(계 3:2), 차든지 덥든지 결단하는 신앙의 삶을 살지 않으면(계 3:16) 반드시 죽을 것이다. 그러므로 종들은 말씀대로 살지 않는 신앙인들에게 철저한 심판을 경고해야 하며, 백성은 돌이켜 회개해야 한다. 이 길만이 우리 모두가 하나님의 영원한 생명에 이르는 길이다.

이제 우리는 옷을 찢지 말고 마음을 찢고서 오직 하나이신 하나님 사랑의 신앙으로 돌아가야 한다. 그 길은 세상과 물질을 겸하여 사랑하고서는 갈 수 없는 순결의 길이고 정절의 길이다. 그 길은 부모와 처자와 소유를 더 사랑하고도 갈 수 있는 넓은 대로가 아니다. 그 길은 십자가의 좁은 길이다. 오로지 하나님을 마음과 성품과 힘을 다해 사랑하고자 눈물 흘렸던, 가슴 아파했던, 잠 못 이루었던 자들만이 들어갈 수 있는 지복의 문이다. 이제 우리는 그 문 너머에 우리를 위해 간직된 예수 그리스도 안의 영원한 생명을 바라보아야 한다.

> "그러므로 너희가 그리스도와 함께 다시 살리심을 받았으면 위엣 것을 찾으라 거기는 그리스도께서 하나님 우편에 앉아 계시느니라 위엣 것을 생각하고 땅엣 것을 생각하지 말라 이는 너희가 죽었고 너희 생명이 그리스도와 함께 하나님 안에 감취었음이니라 우리 생명이신 그리스도께서 나타나실 그때에 너희도 그와 함께 영광 중에 나타나리라"(골 3:1-4)

5. 하나님을 아는 지식, 그것은 바로
하나님 사랑 형제 사랑

> "하나님의 뜻은 우리에게 주신 당신의 명령을 이행하는 것
> 이다. 하나님의 명령은 우리에게 주신 당신의 계명 속에 있다.
> 하나님의 계명은 구약 이스라엘 백성에게는 율법으로 주어졌
> 고, 이 율법의 모든 것은 하나님을 마음과 뜻과 성품과 힘과
> 목숨을 다해 사랑하는 것이고 형제를 내 몸과 같이 사랑하는
> 것이다."

하나님께서는 열심으로 번제와 희생을 드리는 이스라엘
백성에게 오히려 하나님을 아는 지식이 없다고 한탄하셨다.

"내 백성이 지식이 없으므로 망하는 도다 네가 지식을 버렸
으니 나도 너를 버려 내 제사장이 되지 못하게 할 것이요 네가
네 하나님의 율법을 잊었으니 나도 네 자녀들을 잊어버리리
라"(호 4:6)

우리가 무엇 때문에 하나님에 관한 지식을 배우는가? 그 것은 오로지 하나님의 뜻을 발견하기 위함이다.

　하나님의 뜻은 우리에게 주신 당신의 명령을 이행하는 것이다. 하나님의 명령은 우리에게 주신 당신의 계명 속에 있다. 하나님의 계명은 구약 이스라엘 백성에게는 율법으로 주어졌고, 이 율법의 모든 것은 하나님을 마음과 뜻과 성품과 힘과 목숨을 다해 사랑하는 것이고 형제를 내 몸과 같이 사랑하는 것이다.

　　"그중에 한 율법사가 예수를 시험하여 묻되 선생님이여 율법 중에 어느 계명이 크니이까 예수께서 가라사대 네 마음을 다하고 목숨을 다하고 뜻을 다하여 주 너의 하나님을 사랑하라 하셨으니 이것이 크고 첫째 되는 계명이요 둘째는 그와 같으니 네 이웃을 네 몸과 같이 사랑하라 하셨으니 이 두 계명이 온 율법과 선지자의 강령이니라"(마 22: 35-40)

　신약은 율법이 폐하여진 시대가 아니라 율법이 완전하여진 시대이다.

　　"내가 율법이나 선지자나 폐하러 온 줄로 생각지 말라 폐하러 온 것이 아니요 완전케 하려 함이로다"(마 5:17)

주님께서 주신 사랑의 계명은 율법의 모든 것이다.

"내가 아버지의 계명을 지켜 그의 사랑 안에 거하는 것같이 너희도 내 계명을 지키면 내 사랑 안에 거하리라 내가 이것을 너희에게 이름은 내 기쁨이 너희 안에 있어 너희 기쁨을 충만하게 하려 함이니라 내 계명은 곧 내가 너희를 사랑한 것같이 너희도 서로 사랑하라 하는 이것이니라"(요 15:10-12)

"피차 사랑의 빚 외에는 아무에게든지 아무 빚도 지지 말라 남을 사랑하는 자는 율법을 다 이루었느니라 간음하지 말라, 살인하지 말라, 도적질하지 말라, 탐내지 말라 한 것과 그 외에 다른 계명이 있을지라도 네 이웃을 네 자신과 같이 사랑하라 하신 그 말씀 가운데 다 들었느니라 사랑은 이웃에게 악을 행치 아니하나니 그러므로 사랑은 율법의 완성이니라"(롬 13:8-10)

그러므로 이스라엘 백성이 아무리 종교 지식을 가지고 있고, 율법을 암송하며, 말씀을 통독하며, 제사를 드리고, 예배를 드려도 그들의 삶 속에 하나님 사랑 형제 사랑의 철저한 행함의 열매가 없다면, 그들은 하나님을 아는 지식이 없는 백성이다. 따라서 내 백성이 지식이 없다는 것은 하나님의 백성에게 하나님께서 명하신 만큼의 하나님 사랑과 형제 사랑의 열매가 없다는 것이며, 또한 하나님의 백성이 하나님께서 명하신 만큼 말씀대로 살지 않고 자기 부인의 십자가를 지지 않고 있다는 것이다.

하나님께서 명하신 만큼의 행함의 열매가 없는 신앙인들은 반드시 하나님과 우상을 더불어 섬기고 하나님과 물질, 하나님과 세상을 더불어 사랑하는 영적인 음란의 죄, 간음을 범하게 된다.

그리고 하나님과 우상, 하나님과 물질, 하나님과 세상을 더불어 섬기고 사랑하는 사람에게는 반드시 하나님의 나라와 의보다는 자신의 인생 문제가 급선무이다. 그래서 기도할 때도 꼭 진로 문제, 승진 문제, 물질 문제, 사업 문제가 기도의 핵심 목적이다. 이와 같은 신앙인은 반드시 이 밤에라도 도적같이 임하여 오시는 주님의 다시 오심을 대망하기보다는 자기 인생 10년 20년의 꿈을 먹고 산다. 이들이 바로 음란한 마음이 그 속에 있어 여호와를 알지 못하는 백성이다(호 5:4).

구약 이스라엘 백성들이 소를 잡아 드린다고 해서, 어린 양으로 제사를 드린다고 해서, 예물을 드렸다고 해서, 분향 곧 기도를 드렸다고 해서, 그 제사가 하나님께 열납되는 것이 아니다. 그것은 하나님께서 기뻐 받으시는 제사는 인애를 결실하는 삶이기 때문이다. 그 연장선상에서 신약교회가 드려야 하는 신령과 진정의 예배는 종교제의가 아니라 세상과 짝하지 않고 하나님의 뜻을 분별해서 그 뜻대로 사는 삶이다.

"소를 잡아 드리는 것은 살인함과 다름이 없고 어린 양으로 제사드리는 것은 개의 목을 꺾음과 다름이 없으며 드리는 예물은 돼지의 피와 다름이 없고 분향하는 것은 우상을 찬송함과 다름이 없이 하는 그들은 자기의 길을 택하며 그들의 마음은 가증한 것을 기뻐한즉"(사 66:3)

"나는 인애를 원하고 제사를 원하지 아니하며 번제보다 하나님을 아는 것을 원하노라"(호 6:6)

"그러므로 형제들아 내가 하나님의 모든 자비하심으로 너희를 권하노니 너희 몸을 하나님이 기뻐하시는 거룩한 산 제사로 드리라 이는 너희의 드릴 영적 예배니라 너희는 이 세대를 본받지 말고 오직 마음을 새롭게 함으로 변화를 받아 하나님의 선하시고 기뻐하시고 온전하신 뜻이 무엇인지 분별하도록 하라"(롬 12:1-2)

그 옛날 이스라엘 백성의 성전에는 하나님 아닌 다른 신의 우상이 있었고(겔 8:1-17), 신약의 예배당 안에는 하나님의 복음이 아닌 다른 복음이 있고, 십자가 예수가 아닌 다른 예수가 있고, 하나님의 성령이 아닌 다른 영의 역사가 만연해 있다(고후 11:2-4).

오늘날 교회 안에는 지금 내게 있는 것으로 온전히 헌신하고, 지금 내게 있는 것으로 온전히 봉사하고, 지금 내게 있는 것으로 온전히 나누고, 지금 내게 있는 것으로 온전히 베풀고, 지금 내게 있는 것으로 온전히 섬기고, 지금 내게 있는 것으로 온전히 충성하는 신실한 믿음의 사람이 드물다.

모두가 다 하나같이 받은바 달란트는 감사하지 않고, 받은바 달란트로 지금 즉시 주를 위해 장사하지는 않으면서 자기를 위해 더 큰 달란트를 달라고 아우성치는 절규가 가득하다. 그래서 더 큰 달란트를 가지고 싶은 탐욕의 죄악을 하나님의 나라와 영광을 위한다는 꿀 발린 번드레한 입술로 포장하는 이름뿐인 신앙인들이 얼마나 많은지 이루 헤아릴 수 없다.

우리가 목적해야 하는 신앙의 삶은 엄청난 십일조를 바치는 카네기와 록펠러와 같은 삶이 아니라 내게 있는 모든 것인 두 렙돈을 하나님께 드린 과부의 삶이다. 오늘 우리가 배워야 하는 것은 내게 있는 모든 것을 하나님께 드릴 수 있는 진실한 헌신이다.

열매 없는 신앙은 타락한 신앙이다. 그런데 왜 백성들은 타락한 신앙인임에도 불구하고 그토록 종교제의에는 열심히 참여했는가? 그것은 열매 맺는 거룩한 삶보다도 부와 성공의 삶을 가르치는 거짓 선지자들의 미혹 때문이었다.

예나 지금이나 에덴, 예루살렘, 하나님의 나라, 주인의 밭에서 가라지를 심는 원수의 세력인 거짓 선지자들은 사단에게 속한 천하만국 영광을 보암직하고 먹음직하게 쳐다보는 어리석은 백성의 구미와 기호에 아부하며 하나님의 말씀을 변개해서 가감한다.

그들은 항상 거룩한 하나님의 말씀을 이 땅에서의 부와 성공의 비법으로 변개해서 축복 응답과 문제 해결과 만사형통만을 장담한다. 그래서 정과 욕심을 십자가에 못 박지 못하고 부와 성공의 꿈을 열망하는 어리석은 백성들은 헌물을 가지고 거짓 선지자들의 듣기 좋고 신바람 나는 가르침 앞으로 구름떼처럼 모여든다.

지도자들의 가장 중요한 임무는 하나님의 기뻐하심과 영광을 위해 백성의 삶이 구별되도록 거룩한 것과 속된 것을, 부정한 것과 정한 것을 분별하도록 가르치는 것이다.

"내 백성에게 거룩한 것과 속된 것의 구별을 가르치며 부정한 것과 정한 것을 분별하게 할 것이며"(겔 44:23)

그러나 제사장들은 그들에게 주어진 그 역할을 다하지 못했다.

"대저 제사장의 입술은 지식을 지켜야 하겠고 사람들이 그 입에서 율법을 구하게 되어야 할 것이니 제사장은 만군의 여호와의 사자가 됨이어늘 너희는 정도에서 떠나 많은 사람으로 율법에 거치게 하도다 나 만군의 여호와가 이르노니 너희가 레위의 언약을 파하였느니라"(말 2:7-8)

하나님의 율법을 맡은 제사장들의 임무는, 하나님의 말씀을 맡은 목회자들의 임무는, 백성들이 긍정적 사고를 가지고 꿈을 이루게 하는 것이 아니라 거룩한 것과 속된 것을 구별하고, 부정한 것과 정한 것을 분별해서 세속화되지 않고 흠도 점도 없이 주님 앞에 나타나게 하는 것이다(벧후 3:14).

지도자가 백성을 가르칠 때 성경 말씀 한 구절 읽어 놓고 인생 성공담이나, 인생 축복담과 같은 사람의 교훈을 하나님의 말씀에 자꾸 섞게 되면 백성들이 하나님의 말씀을 자기들의 삶에 끼워 맞추는 신앙은 할 수 있다. 그러나 하나님의 말씀에 자신의 삶을 온전하게 불살라 헌신할 수는 없다. 답답한 인생 문제에 하나님 말씀을 몇 구절 끼워 맞추는 신앙과 지엄하신 하나님의 말씀에 자신의 삶을 봉헌하는 신앙 사이에는 하늘과 땅 만큼이나 차이가 있으며, 따라서 결실되는 신앙의 열매도 다르다.

오늘날 어리석은 교인들은, 긍정적 사고를 가지고 바라는 대학에 합격하면 그 합격을 신앙의 열매로 착각한다. 긍정적 사고를 가지고 성공의 꿈을 이루고 나면 그 성취된 성공을 신앙의 열매로 착각한다. 긍정적 사고를 가지고 좋은 배필을 만나고 나면 그 배필을 신앙의 열매로 착각한다. 그러나 하나님께서 우리에게 요구하시는 열매는 합격, 배필, 문제 해결, 성공, 취직과 같은 세상의 성취가 아니라 흠도 점도 없는 예수 그리스도의 장성한 자의 충만한 분량, 곧 하나님의 형상이다.

그러므로 시편 기자는 잠이 깬 후에 세상에서 인정받는 대박 스타가 되기를 꿈꾸었던 것이 아니라 주의 형상으로 만족하기를 열망했던 것이다.

> "여호와여 금생에서 저희 분깃을 받은 세상 사람에게서 나를 주의 손으로 구하소서 그는 주의 재물로 배를 채우심을 입고 자녀로 만족하고 그 남은 산업을 그 어린아이들에게 유전하는 자니이다 나는 의로운 중에 주의 얼굴을 보리니 깰 때에 주의 형상으로 만족하리이다"(시 17:14-15)

하나님께서 신앙인을 판단하시는 탐욕의 기준은 일용할 양식이다. 그러므로 먹을 것과 입을 것이 있은즉 족한 줄을 모르는 신앙인은 하나님으로부터 탐욕이 가득한 자로 책망을 받는다.

'믿음의 의인'인 하박국 선지자는 무화과나무가 무성치 못하고 포도나무에 열매가 없고 밭에 소산이 없고 외양간에 소가 없고 우리에 양이 없어도 구원의 한 분 하나님만을 인하여 기뻐하고 감사한다고 노래했다(합 3:17-18). 바로 이것이 믿음으로 의롭게 된 의인의 입술의 열매이다. 그러나 오늘 우리가 배우는 입술의 열매는 긍정의 부요(富饒), 긍정의 성공, 긍정의 소원, 긍정의 꿈이다.

　오늘날 교회 안에 보면 먹을 것과 입을 것이 있어도 족한 줄을 모르는 이름뿐인 신앙인들이 어디서 긍정의 입술의 시인이라는 헛된 염불을 배워서 먹고 마시고 입고와 관련된 내일의 인생 문제, 내일의 꿈을 가지고 '왕의 기도'라는 제목으로 하나님께 기도를 올리느라 요란스럽다. 그러나 성도가 배워야 하는 기도는 왕의 기도가 아니라 섬기고 헌신하고 열매 맺기 위한 '종의 기도'이다. 잘못된 왕의 기도는 오히려 어리석은 신앙인들을 더욱더 탐욕의 신앙인으로 만들어 가는 미혹임을 명심하자.

　성경 몇 구절 인용해 인생의 덕담 정도를 들려주면서 하나님의 말씀인 양 선포하는 나태한 목사들, 성경 몇 구절 인용해 하나님의 말씀을 인생의 성공신화로 각색하는 정신 나간 목사들, 성경 몇 구절 인용해 온통 인생 예화를 나열하는 동화작가 같은 목사들, 그들은 하나님을 마음과 성품과 힘과 목숨을 다해 사랑하고 형제를 내 몸과 같이 사랑하도록 하나님의 백성을 양육하는 것이 아니라 교회만 나와도 천국은 떼 놓은 당상인 양 맹신하게 하고, 헛된 인생의 꿈이나 꾸게 하고 있다.

하나님의 말씀은 우리에게 종교 지식을 가르쳐서 종교인을 만들게 하기 위함이 아니라, 하나님의 뜻을 행하는 능력의 사람을 만들게 하기 위함이다. 오로지 오직 하나이신 하나님을 마음과 성품과 힘과 뜻을 다해 사랑하게 하기 위함이고, 형제를 우리 몸과 같이 사랑하게 하기 위함이다. 바로 이것이 율법을 완성한 복음의 영원한 계명이다.

이스라엘 백성은 잘못된 제사장들, 즉 지도자들 때문에 멸망을 받았다.

> "백성을 인도하는 자가 그들로 미혹케 하니 인도를 받는 자가 멸망을 당하는도다"(사 9:16)

> "그냥 두어라 저희는 소경이 되어 소경을 인도하는 자로다 만일 소경이 소경을 인도하면 둘이 다 구덩이에 빠지리라 하신대"(마 15:14)

이처럼 지도자로 말미암아 백성이 망하게 되는 가장 극명한 예를 요한계시록의 두아디라 교회에서 볼 수 있다.

"내가 네 사업과 사랑과 믿음과 섬김과 인내를 아노니 네
나중 행위가 처음 것보다 많도다 그러나 네게 책망할 일이 있
노라 자칭 선지자라 하는 여자 이세벨을 네가 용납함이니 그
가 내 종들을 가르쳐 꾀어 행음하게 하고 우상의 제물을 먹
게 하는도다 또 내가 그에게 회개할 기회를 주었으되 그 음행
을 회개하고자 아니하는도다 볼찌어다 내가 그를 침상에 던
질 터이요 또 그로 더불어 간음하는 자들도 만일 그의 행위를
회개치 아니하면 큰 환난 가운데 던지고 또 내가 사망으로 그
의 자녀를 죽이리니 모든 교회가 나는 사람의 뜻과 마음을 살
피는 자인 줄 알지라 내가 너희 각 사람의 행위대로 갚아 주리
라"(계 2:19-23)

나날이 선한 사업이 넘쳐 났던 교회, 나날이 사랑이 넘쳐
났던 교회, 나날이 믿음이 넘쳐 났던 교회, 나날이 섬김이 넘
쳐 났던 교회, 나날이 인내가 넘쳐 났던 교회, 그런데 그 곳
에 우상의 제물을 먹게 하는 거짓 선지자 이세벨이 있었다.
아무리 사업과 사랑과 믿음과 섬김과 인내가 넘쳐 난다 할
지라도 두아디라 교회의 자녀들, 즉 교인들은 거짓 선지자
이세벨을 용납하면 안 된다.

먹고 마시고 입고의 문제를 위해 꿈을 꾸고 염불(긍정적
생각을 입술로 시인하면 이루어진다.)하며 기도하는 사람은
하나님의 백성이 아니라 이방인이다(마 6:31-32).

그 옛날 두아디라 교회가 거짓 선지자 이세벨로 말미암아 우상의 제물을 먹게 되었듯이, 오늘날 교회 안에도 입만 열었다 하면 복 타령하는 거짓 선지자들로 말미암아 우상의 제물보다도 더 가증한 헛된 이방인의 기도와 관련된 교훈을 먹는 복술의 신앙인들이 넘쳐 난다.

나날이 선한 사업과 사랑과 믿음과 섬김과 인내가 넘쳐 나도 거짓 선지자로 말미암아 두아디라 교회 교인들이 우상의 제물을 먹고 사망의 심판을 당할 수 있다면, 나날이 선한 사업과 사랑과 믿음과 섬김과 인내가 넘쳐 나는 것도 아니고 오히려 식어 가는 오늘날 교회 세대가 거짓 선지자로 말미암아 이방인들이나 구하는 먹고 마시고 입고와 관련된 기도의 교훈을 받아먹고, 나날이 헛된 꿈이나 그리는 어리석은 복술의 신앙인들이 된다면 어떻게 사망의 심판을 면할 수 있겠는가?

그 옛날 구약에서도 잘못된 제사를 결단코 용납할 수 없는 거룩하신 하나님이시기에 모세를 통해 그토록 엄격한 제사 규례를 명령하셨던 것이 아니신가? 그러므로 이스라엘 역사에서 최초로 제사가 하나님께 드려지던 날, 대제사장 아론의 아들들인 나답과 아비후는 다른 불을 드렸다는 오로지 한 가지 이유로 그 자리에서 즉사했다(레 10:1-3).

그러므로 신령과 진정의 예배에 주님이 가르치지 않은 다른 기도의 향연을 하나님께 올린 목회자들과 그 기도의 향

연에 세속의 꿈을 가지고 참여한 어리석은 신앙인들은 결단
코 하나님의 회중에 들 수 없다. 하나님 앞에서 잘못된 구약
의 제사가 용납될 수 없었듯이 잘못된 신약의 예배는 더더
욱 용납될 수 없다.

　하나님을 진실로 아는 목회자라면 백성에게 "꿈이 없는
자는 반드시 망한다."라고 가르칠 것이 아니라 "행함의 열매
가 없는 자는 결단코 찍혀 불에 던져짐을 당한다."(눅 3:9)
라고 가르쳐야 한다. 그러므로 백성이 명심해야 하는 것은
꿈이 없기 때문에 망하는 것이 아니라 행함이 없기 때문에
정녕히 죽는다는 것이다.

6. 번성할수록 더하여 가는 이스라엘의 죄악

"복음을 경제적 복의 개념으로 환산한다면 복음이 아니라 복술이 됨을 유념해야 한다."

호세아 선지자가 예언할 당시는 여로보암 2세(BC 793-753)가 이스라엘을 치리하고 있었다. 당시는 인구의 번성뿐 아니라 국방, 정치, 경제 모든 분야에서 북이스라엘 역사상 가장 번성한 시기였다. 그러나 가장 타락한 시대이기도 했다.

오늘날 예수 잘 믿는 나라는 반드시 잘산다는 것을 강조하는 설교들이 온 천지에 가득하다. 예를 들어 우리나라의 경제가 이만큼 성장한 것이 천만 성도의 기도 덕분이라고 하는 경우가 그 한 예이다. 그러나 그것은 심각한 논리의 비약이다. 왜냐하면 북이스라엘이나 남유다가 정치·경제적으로 가장 번성했던 왕조들의 시대가 오히려 신앙적으로 가장 타락한 시기였기 때문이다. 그들이 누렸던 경제적 번영은 그들 신앙의 결과물이 아니고 기도 때문도 아니었다.

오늘날도 예수 잘 믿는 나라가 반드시 경제 성장을 하는 것은 아니다. 일본의 경우가 그렇고, 지금 한창 무역 대국으로 성장하고 있는 중국이 그렇다. 과연 일본과 중국이 예수 잘 믿는 나라인가? 우리나라의 경우만 하더라도 천 년의 고도 경주를 거점으로 했던 신라는 얼마나 번창했던가? 과연 신라가 예수를 잘 믿어 그토록 오랜 시간 한반도에서 찬란한 문화의 꽃을 피웠던가? 세상에서 흥망성쇠의 법칙을 따라 소멸해 간 많은 국가들과 현존하는 전 세계 국가별 GNP 수준을 예수 잘 믿는 척도로 산정해 본다면 거기에서 많은 모순을 발견하게 될 것이다.

초대교회 당시에도 일곱 교회 중에 무려 다섯 교회가 회개를 하지 않으면 촛대가 옮겨지고(계 2:5), 주님의 입의 검으로 심판을 받고(계 2:16), 사망의 재앙을 당하고(계 2:23), 도적같이 오시는 주님을 영접하지 못하고(계 3:3), 주님의 입에서 토하여 내침을 당할(계 3:16) 상황이었다. 그런데 하물며 "인자가 다시 올 때에 믿음을 보겠느냐"는 말세에 대한민국의 경제 성장이 천만 성도의 기도 덕분이라고 한다면 그것은 천만 교인 모두가 알곡 신앙인이라는 이야기인데 그것은 말도 안 되는 소리이다.

복음을 경제적 복의 개념으로 환산한다면 복음이 아니라 복술이 됨을 유념해야 한다. "주여! 주여!" 하는 자신이 한국의 경제 성장을 이끈 천만 기독교인 중의 한 사람이라고 생각한다면 그 신앙인이 어떻게 자기 신앙의 자리를 발견하고(계 2:5) 행위의 온전한 열매를(계 3:2) 결실할 수 있겠는가. 그런 신앙인은 오로지 먹고 마시고 입고의 복을 위해 신앙할 뿐이다.

지금 교회 안에는 철저히 회개하고 회개에 합당한 열매를 결실해야만 하는 가라지 신앙인들, 즉 살았다 하는 이름만 가졌지 실상은 하나님 보시기에 죽은 자와 다름이 없는(계 3:1) 길가에 돌(눅 3:8)보다도 못한 가라지 신앙인들이 많이 있다.

여로보암 당시 이스라엘 백성은 비록 경제적 호황은 누리고 있었지만 율법의 이념에 충실한 행실의 열매를 결실하기보다는 오히려 우상 숭배의 죄악에 빠져 있었다. 그렇다고 그들이 야훼 신앙을 버렸던 것은 아니었다.

호세아 선지자는 당시 음란한 마음에 미혹되어 하나님의 수하를 음란하듯 떠나 이스라엘의 모든 산꼭대기에서 우상에게 제사를 드리며 심지어 작은 산 위에서조차도 참나무와 버드나무와 상수리나무 아래에서 자기들의 탐욕을 채워 줄 우상에게 분향을 하면서 동시에 양 떼와 소 떼를 이끌고 하나님도 찾았던 이스라엘의 헛된 종교적 제의를 고발하고 있다.

"내 백성이 나무를 향하여 묻고 그 막대기는 저희에게 고하나니 이는 저희가 음란한 마음에 미혹되어 그 하나님의 수하를 음란하듯 떠났음이니라 저희가 산 꼭대기에서 제사를 드리며 작은 산 위에서 분향하되 참나무와 버드나무와 상수리나무 아래서 하니 이는 그 나무 그늘이 아름다움이라 이러므로 너희 딸들이 행음하며 너희 며느리들이 간음을 행하는도다"(호 4:12-13)

"저희가 양 떼와 소 떼를 끌고 여호와를 찾으러 갈지라도 만나지 못할 것은 이미 저희에게서 떠나셨음이라"(호 5:6)

이처럼 이스라엘 백성은 종교적 형식의 신령한 모양을 갖추고 하나님을 찾으면서 동시에, 무병장수와 풍요와 다산을 기원하기 위해 이스라엘의 모든 산 위에서, 그리고 각종 나무 아래에서 우상을 섬겼던 것이다.

오늘날에는 무병장수와 풍요와 다산을 위해 공들여 산에까지 올라가서 나무에게, 일월성신에게, 돌에게 손바닥이 발바닥이 되도록 빌 필요가 없다. 그것은 하나님의 전(殿)이라는 이름을 가진 각종 예배당 건물들이 어리석은 백성의 무병장수와 풍요와 다산에 대한 끝없는 갈망을 채워 주는 신종 복음과 신종 믿음과 신종 예배를 수도 없이 만들어 내기 때문이다.

결국 하나님의 전이라는 예배당 건물에서 자행되는 다른

복음과 다른 분향의 예배는 하나님을 예배함이 아니라 우상을 찬송함이 된다(신 32:17; 사 66:3). 듬직한 외관을 가진 많은 예배당 건물이 이와 같은 무병장수와 풍요와 다산을 염원하는 탐욕의 신앙인들의 헌금으로 더욱더 화려하게 치장해 가고, 웅장한 자태를 갖추어 간다.

오늘날 넉넉한 교회와 먹고살 만한 교인들이, 하나님께서 주신 복을 감사하며 율법의 완성인 사랑의 계명(요 14:15, 21; 15:12)을 초대교회(행 4:32-35)처럼 실천하기 보다는 생색내는 쥐꼬리만 한 자선 행위를 하고서는 마치 자신들의 행위가 예수 그리스도의 목숨 버리신 사랑의 행위라도 되는 양 우쭐해 하며 동네방네 소문내고 다닌다. 그러면서 교회 예산의 대부분과 자기 소유의 대부분을 자기들의 이름과 체면과 안정을 위해 쏟아붓는다.

이제 하나님께서는 이스라엘의 영화를 변화여 욕이 되게 하겠다고 선언하신다.

"저희는 번성할수록 내게 범죄하니 내가 저희의 영화를 변하여 욕이 되게 하리라"(호 4:7)

결국 북이스라엘은 여로보암 2세 이후 급격한 쇠퇴의 길을 걷다가 BC 722년 앗수르에 의해서 완전히 멸망하고 말았다.

오늘 우리 교회 시대의 부요와 번영의 복이 저주가 되고 심판이 되지 않도록, 바닷가의 모래와 같은 교인의 수적 팽창이 하나님의 공의에 의해 훼멸이 작정된 심판의 분기점이 되지 않도록 각별히 경계해야 할 것이다. 그것은 하나님께서 이미 오래전 다음과 같이 예언하셨기 때문이다.

"이스라엘이여 네 백성이 바다의 모래 같을지라도 남은 자만 돌아오리니 넘치는 공의로 훼멸이 작정되었음이라 이미 작정되었은즉 주 만군의 여호와께서 온 세계 중에 끝까지 행하시리라"(사 10:22-23)

7. 탐욕의 거짓 선지자들

"결국 백성의 구미에 맞춰 복 받고 승리하고 형통하고 응답 받고 꿈은 이루어진다는 부드러운 이야기를 전하는 목회자들 때문에 책망과 회개를 촉구하는 하나님의 말씀을 마음으로 수용할 수 없는 강퍅한 백성의 죄악이 날로 커진다."

구약 이스라엘 백성이 드리는 속죄제사에서 속죄제물의 처리 방법은 두 가지였다. 하나는 성소 안 향단에 피를 바르는 속죄제물로서 이 제물은 전부 태웠다. 다른 하나는 번제 단에 피를 바르는 속죄제물이었는데 이 제물의 고기는 제사 장들이 먹어야 했다. 그래서 제사장들이 속죄제물의 고기를 먹는 것까지가 제사의 과정이었다.

"여호와께서 모세에게 일러 가라사대 아론과 그 아들들에 게 고하여 이르라 속죄제의 규례는 이러하니라 속죄제 희생은 지극히 거룩하니 여호와 앞 번제 희생을 잡는 곳에서 그 속죄 제 희생을 잡을 것이요 죄를 위하여 제사 드리는 제사장이 그

것을 먹되 곧 회막 뜰 거룩한 곳에서 먹을 것이며"(레 6:24-26)

그러므로 모세는 번제단에서 피를 드린 속죄제물의 고기를 먹지 않았던 아론의 아들들인 엘르아살과 이다말에게 노하여 책망했던 것이다.

"모세가 속죄제 드린 염소를 찾은즉 이미 불살랐는지라 그가 아론의 남은 아들 엘르아살과 이다말에게 노하여 가로되이 속죄제 희생은 지극히 거룩하거늘 너희가 어찌하여 거룩한 곳에서 먹지 아니하였느뇨 이는 너희로 회중의 죄를 담당하여 그들을 위하여 여호와 앞에 속하게 하려고 너희에게 주신 것이니라"(레 10:16-18)

그런데 호세아 4:8에 보면 당대의 제사장들이 백성의 속죄제물을 먹고 그 마음을 저희 죄악에 둔다고 했다.

"저희가 내 백성의 속죄제물을 먹고 그 마음을 저희의 죄악에 두는도다"(호 4:8)

여기서 백성의 속죄제물은 백성의 죄악을 의미한다. 그리고 속죄제사 제물은 제사장 몫이었기 때문에 백성들이 죄를 많이 지으면 지을수록 속죄제가 많아져서 제사장들의 응식이 풍부해졌다.

그런데 하나님께서 당대의 제사장들을 향해 '그들의 마음을 백성들의 죄악에 둔다'고 했던 것은, 그들이 백성들의 죄악 된 신앙을 바로 잡아서 죄를 짓지 못하도록 해야 하는 제사장 본연의 임무를 다하지 못하고 있는 직무태만이, 마치 자신들에게 속죄제물의 응식이 풍부해 지게 하기 위해 백성들이 죄를 더욱 많이 짓기를 바라는 것처럼 보인다는 풍자적 표현이다.

결국 당시 종교 지도자들의 탐욕이 얼마나 도를 넘었던지 비록 그들이 백성에게 "너희는 죄를 많이 지어서 속죄제물을 많이 바치고 우리의 응식이 넘쳐나게 하라."고 말한 것은 아니지만, 하나님 보시기에는 그만큼 지도자들이 백성에게 악을 행하지 못하도록 철저하게 경계를 시키지 않았다는 것이다.

당시 제사장들은 백성에게 악을 행하지 않도록 철저하게 가르치지는 못하면서 속죄제사는 철저하게 가르쳤다. 그 결과 그들의 양식(속죄제물의 응식)이 풍부해졌다.

호세아 선지자 당시의 제사장들의 죄악을 예수님 당시의 종교 지도자들인 서기관과 바리새인들도 동일하게 답습하고 있었다.

"화 있을진저 소경 된 인도자여 너희가 말하되 누구든지 성
전으로 맹세하면 아무 일 없거니와 성전의 금으로 맹세하면
지킬지라 하는도다 우맹이요 소경들이여 어느 것이 크뇨 그
금이냐 금을 거룩하게 하는 성전이냐 너희가 또 이르되 누구
든지 제단으로 맹세하면 아무 일 없거니와 그 위에 있는 예물
로 맹세하면 지킬지라 하는도다 소경들이여 어느 것이 크뇨
그 예물이냐 예물을 거룩하게 하는 제단이냐 그러므로 제단으
로 맹세하는 자는 제단과 그 위에 있는 모든 것으로 맹세함이
요 또 성전으로 맹세하는 자는 제단과 그 위에 있는 모든 것으
로 맹세함이요 또 하늘로 맹세하는 자는 하나님의 보좌와 그
위에 앉으신 이로 맹세함이니라"(마 23:16-22)

이처럼 예수님 당시의 종교 지도자들은 율법의 더 중한바
의와 인과 신은(마 23:23) 가르치지 않으면서 헌금 신앙은
철저하게 가르쳤다.

호세아 당시에 자기들의 응식이 되는 속죄제사는 철저하
게 가르치면서 백성에게 철저한 율법적 삶을 가르치지 않은
제사장들의 죄악의 숨은 동기나, 예수님 당시에 백성으로
하여금 율법의 더 중한바 의(義)와 인(仁)과 신(信)을 행하도
록 철저하게 가르치지는 않으면서 성전의 금으로 한 맹세의
준수, 제단의 예물로 한 맹세의 준수는 철저하게 가르쳤던
종교 지도자들의 죄악의 숨은 동기는 탐욕이었다.

오늘날도 믿음을 온전하게 하는 철저한 행함(약 2:14, 17, 22)에 대해서는 가르치지 않으면서 단지 복 받는 헌금 신앙을 철저하게 가르치는 목회자들이 얼마나 많은가. 이들의 죄악의 숨은 동기도 탐욕이다.

예나 지금이나 많은 종교 지도자들은 자기의 배는 더 채우려 하면서도, 자기 월급은 더 받으려 하면서도, 자기 경비는 더 받으려 하면서도, 자기 보너스는 더 받으려 하면서도, 자기 퇴직금은 더 받으려 하면서도 신앙인답지 못한 백성의 죄악을 지적하고 책망할 줄은 모른다. 왜냐하면 가만히 있어도 월급 나오고, 보너스 나오고, 경비 나오고, 퇴직금 나오는데 무엇 때문에 백성의 비위 거슬러서 쫓겨날 행동을 하려 하겠는가? 결국 그들도 백성의 죄를 먹고 있을 뿐이다.

자기 밥줄 때문에, 양 떼와 소 떼를 이끌고 하나님을 찾아오는 무지한 백성들(호 5:6)의 신앙인답지 못한 죄악을 책망하지 못해 마치 짖지 못하는 벙어리 개와 다를 바 없었던 몰각한 목회자들(사 56:9-12)처럼, 오늘날도 탐욕 가득한 목사들이 자기 월급 꼬박꼬박 챙겨 주는 교인들의 허물과 죄악을 어떻게 책망할 수 있겠는가? 당연히 복이나 빌어 주고 평강 타령이나 할 수밖에 없는 것 아니겠는가(미 3:5). 그것은 야곱의 허물과 이스라엘의 죄를 고할수록 자신들의 자리가 위협받게 되고 결국 쫓겨나기 때문이다(미 3:8).

호세아 당시 많은 제사장들이 자기 배는 채울 줄 알면서도 백성들의 방종한 신앙의 죄악에 대해서는 신경을 쓰지 않았다. 그들은 하나님의 율법에 철저하게 헌신하는 삶은 가르치지 않고 단지 속죄제사 규례만 가르쳤다. 제사장들은 오로지 속죄제사에서 자기들에게 돌아올 몫의 응식에만 관심이 있었다. 그 결과 백성들에게는 율법에 충실한 삶의 열매가 결실될 수 없었다.

오늘날도 많은 목회자들이 웅장한 예배당 건축에는 혈안이 되어 있지만 하나님의 뜻대로 철저하게 행하지 않는 교인들의 죄악에 대해서는 신경을 쓰지 않는다. "주여! 주여!" 하는 백성에게 철저하게 하나님의 뜻대로 행해야 하는 삶에 대해서는 가르치지 않고 오로지 그들에게 "주여! 주여!" 하면 복을 받는다고 가르치며 그들의 헌금에만 관심을 기울인다.

목회자가 화려한 대형 교회 건축에 집착할수록, 교회의 수적 부흥에 집착할수록, 백성을 향해 쓴소리를 할 수 없고 책망을 할 수 없다. 오히려 달콤한 이야기나 들려줘야 하고, 부드러운 이야기나 들려줘야 하고, 신바람 나는 이야기나 들려줘야 한다. 지엄하신 하나님의 말씀을 개인 인생의 시시콜콜한 일들에 적용시켜서 신념을 불어 넣어 주고, 꿈을 심어 주고, 비전의 신발을 신겨 주어야 한다.

그러므로 신약의 목회자들이 대형 교회에 집착하고 자기 자리 연연할수록 백성의 잘못된 신앙의 삶을 질책하지 못하게 되고 따라서 백성의 죄악도 커지게 된다. 결국 그들은 간접적으로 백성의 죄를 먹고 있는 셈이다. 과거 호세아 시대의 제사장들이 하나님으로부터 속죄제사의 음식에만 관심이 있었다고 책망받았듯이 신약의 목회자들 또한 오래지 않아 주님으로부터 자기 생활 보장과 체면 보존에만 관심이 있었다고 책망받게 될 것이다.

부흥 강사들의 경우도 마찬가지이다. 주님께서는 분명히 제자들에게 먹고 마시고 입고를 위해 기도하지 말고 구하지 말라고 명령하셨다. 그러나 그들은 부흥 집회에 초청받아 가서 무지한 백성에게 평강의 복 타령을 하며(미 3:5) 하늘에서 끌어내린 복술의 뜨거운 불로 그들의 말초 신경계를 종교적 감성으로 자극한다(계 13:13). 그래야 탐욕 가득한 백성으로부터 인기도 높아지고 사례비도 많이 받고 많이 불려 다니게 된다. 그러나 부흥 강사들이 많이 불려 다니며 신바람이 날수록 백성의 복술 신앙의 죄악은 커지고 그들은 백성의 죄악을 먹고 사는 몰각한 목회자가 된다.

그들 역시 호세아 시대의 제사장들이, 백성이 하나님의 뜻대로 행실의 열매를 결실하고 있는가에는 전혀 관심이 없고, 자기들 몫의 속죄제물 음식에만 관심이 있었듯이, 오로지 자기들의 수입과 인기에만 관심이 있다. 혹 하나님의 뜻대로 행실의 열매를 맺으라고 말한다손 치더라도 그 말의 결국은 복 받아 만사형통케 되는 가르침과 연관되어 있다.

백성들이 목사들의 달콤한 이야기, 부드러운 이야기, 신바람 나는 이야기에 익숙해지다 보면 일곱 교회를 향해 성령이 교회들에게 말씀하시는 책망과 회개 촉구의 음성(계 2:7, 11, 17, 29; 3:6, 13, 22)을 듣지 않고 자기 방식대로, 자기 편리대로, 자기 입장대로, 자기 욕심대로 신앙하려 하는 강퍅의 죄악이 커진다.

이사야 당시에도 대부분의 백성이 "너희는 아브라함의 자손이기 때문에 구원받았고 축복 받았고 승리하고 형통한다."는 부드러운 이야기에 귀가 익숙해지다 보니, 이사야 선지자가 대언하는 "소돔의 관원들아 고모라의 백성들아(사 1:10) 너희는 스스로 씻으며 스스로 깨끗케 하여 내 목전에서 너희 악업을 버리며 악행을 그치고 선행을 배우며 공의를 구하며 학대받는 자를 도와주며 고아를 위하여 신원하며 과부를 위하여 변호하라"(사 1:16-17)는 책망과 회개를 촉구하는 말씀을 용납하지 못하고 오히려 반발하며 강퍅해졌다.

이와 같은 백성에 대해서 하나님께서는 이사야 선지자에게 다음과 같이 말씀하셨다.

"이제 가서 백성 앞에서 서판에 기록하며 책에 써서 후세에 영영히 있게 하라 대저 이는 패역한 백성이요 거짓말하는 자식이요 여호와의 법을 듣기 싫어하는 자식이라 그들이 선견자에게 이르기를 선견하지 말라 선지자에게 이르기를 우리에게 정직한 것으로 보이지 말라 부드러운 말을 하라 거짓된 것을 보이라 너희는 정로를 버리며 첩경에서 돌이키라 이스라엘의 거룩하신 자로 우리 앞에서 떠나시게 하라 하는도다"(사 30:8-11)

오늘날도 무지한 백성은 하나님의 뜻대로 철저하게 살지 않는 그들의 죄악에 대해 경고하는 참선지자들을 향해 정직한 것을 보이지 말고 부드러운 말을 하라고 한다. 그래서 하나님께서 보시기에는 마치 그들이 바른말 하는 참 종들을 향해 "축복 타령하라."고 말하라 하며, "입술로 시인하면 꿈이 이루어진다."고 말하라 하며, "꿈꾸는 자는 망하지 않는다."고 말하라 하며, "비전의 신발을 신은 사람은 세상의 리더가 된다."고 말하라 하며, "먹을 것이 필요하고 입을 것이 필요하니 구하고 찾고 두드리면 응답 받는다."고 말하라 하며 아우성을 치는 것같이 보인다.

결국 백성의 구미에 맞춰 복 받고 승리하고 형통하고 응답받고 꿈은 이루어진다는 부드러운 이야기를 전하는 목회자들 때문에 책망과 회개를 촉구하는 하나님의 말씀을 마음으로 수용할 수 없는 강퍅한 백성의 죄악이 날로 커진다.

호세아 당시, 자기들의 자리 보존과 경제적 이익을 보존하는 일에만 혈안이 된 탐욕스런 지도자들 때문에 이스라엘 백성은 음란한 마음에 미혹되어 하나님의 수하를 떠나고 말았다.

"음행과 묵은 포도주와 새 포도주가 마음을 빼앗느니라 내 백성이 나무를 향하여 묻고 그 막대기는 저희에게 고하나니 이는 저희가 음란한 마음에 미혹되어 그 하나님의 수하를 음란하듯 떠났음이니라"(호 4:11-12)

종말에도 어린양의 신부인 거룩한 성 새 예루살렘 성으로 예비 되어야 할 교회 즉 성도들이(계 21:9-10) 음녀의 도성 바벨론으로 지어져 가는 것은 명예와 경제적 동기에 눈이 먼 탐욕의 목회자들로 말미암아 복술에 미혹되었기 때문이다(계 18:23).

그 옛날 이스라엘 백성이 양 떼와 소 떼를 이끌고 여호와를 만나러 다니면서도(호 5:6) 동시에 우상을 섬기며 하나님의 수하를 음란하게 떠나갔듯이, 오늘날 신앙인들도 헌금 들고 하나님을 만나러 가서는 다른 예수와 다른 복음과 다른 영의 역사에 "아멘!" 한다. 이처럼 입으로는 "주여! 주여!" 하면서도 마음으로는 다른 예수와 다른 복음과 다른 영을 잘도 용납하고 있으니(고후 11:4) 그것이 바로 음행의 포도주에 취해 하나님의 수하를 음란히 떠나간 죄악이다.

오늘날 십자가 신앙이 기복주의로 변질되다 보니 십자가

조차도 돌로 떡을 만드는 도구가 되고, 높은 성에서 뛰어 내려도 발이 돌에 부딪히지 않게 하는 기적의 구경거리가 되고, 천하만국의 영광을 얻기 위한 발판이 되고 있다.

지금도 하나님의 슬픈 사랑은 "내 백성아, 거기서 나와 그의 죄에 참여하지 말고 그의 받을 재앙들을 받지 말라"(계 18:4)라고 신령과 진정의 예배자들을 부르신다.

8. 예루살렘이 정화되는 길

"지도자는 백성이 배도의 길, 멸망의 길을 가지 않도록 그들에게 마음과 성품과 힘과 뜻과 목숨을 다해 하나님을 사랑하지 않는 자는 성 밖에서 슬피 울며 이를 갈게 될 것이라고 경고해야 한다 이것이 바로 예루살렘을 정화하러 오시는 하나님의 대로를 수축하는 길이다."

이스라엘 백성은 하나님께 정조를 지키지 않고 이방 종교인 바알 종교에 빠져들었다.

"음행과 묵은 포도주와 새 포도주가 마음을 빼앗느니라 내 백성이 나무를 향하여 묻고 그 막대기는 저희에게 고하나니 이는 저희가 음란한 마음에 미혹되어 그 하나님의 수하를 음란하듯 떠났음이니라 저희가 산꼭대기에서 제사를 드리며 작은 산 위에서 분향하되 참나무와 버드나무와 상수리나무 아래서 하니 이는 그 나무 그늘이 아름다움이라 이러므로 너희 딸들이 행음하며 너희 며느리들이 간음을 행하는도다 너희 딸들이 행음하며 너희 며느리들이 간음하여도 내가 벌하지 아니하리니 이는 남자들도 창기와 함께 나가며 음부와 함께 희생을 드림이니라 깨닫지 못하는 백성은 패망하리라 이스라엘아 너는 행음하여도 유다는 죄를 범치 말아야 할 것이라 너희는 길갈로 가지 말며 벧아웬으로 올라가지 말며 여호와의 사심을 가리켜 맹세하지 말지어다 이스라엘은 완강한 암소처럼 완강하니 이제 여호와께서 어린 양을 넓은 들에서 먹임같이 저희를 먹이시겠느냐 에브라임이 우상과 연합하였으니 버려두라 저희가 마시기를 다 하고는 행음하기를 마지아니하며 그 방백들은 수치를 기뻐하느니라 바람이 그 날개로 저를 쌌나니 저희가 그 제물로 인하여 수치를 당하리라"(호 4:11-19)

그들은 하나님을 섬기면서도 나무를 향해 물었다. 막대기에게 말을 하라고 했다. 산꼭대기에서 제사했다. 작은 산꼭대기에서 그들은 하나님과 연합한 율법의 백성이 아니라 우상과 연합한 배도자들이 되었다. 그들은 바알 신과 아세라 신을 음란하게 섬기며 도덕적으로 타락해 갔다. 산당에서 다산과 풍요를 빌며 부도덕한 의식을 자행하기까지 했다. 이에 하나님께서는 에브라임이 우상과 연합하였으니 버려두라고 선포하신다(호 4:17).

음란한 마음에 미혹된(호 4:12) 이스라엘은 우상 숭배에 빠져 있으면서도 양 떼와 소 떼를 이끌고 하나님도 찾았다. 그리고 음란한 그들과 똑 같은 신앙의 자녀들을 생산해 갔다.

"에브라임은 내가 알고 이스라엘은 내게 숨기지 못하나니 에브라임아 이제 네가 행음하였고 이스라엘이 이미 더러웠느니라 저희의 행위가 저희로 자기 하나님에게 돌아가지 못하게 하나니 이는 음란한 마음이 그 속에 있어 여호와를 알지 못하는 까닭이라 이스라엘의 교만이 그 얼굴에 증거가 되나니 그 죄악을 인하여 이스라엘과 에브라임이 넘어지고 유다도 저희와 한가지로 넘어지리라 저희가 양 떼와 소 떼를 끌고 여호와를 찾으러 갈지라도 만나지 못할 것은 이미 저희에게서 떠나셨음이라 저희가 여호와께 정조를 지키지 아니하고 사생자를 낳았으니 그러므로 새 달이 저희와 그 기업을 함께 삼키리로다"(호 5:3-7)

결국, 이스라엘 백성의 우상 숭배 죄악의 원인은 그들이 음란한 마음에 미혹되었기 때문이다(호 4:12). '음란한 마음에 미혹됨', 바로 이것은 악한 영의 역사이다.

이사야 선지자는 애굽에 임할 하나님의 심판을 예언하면서 애굽의 쇠퇴가 그 나라 방백들과 지도자들에게 하나님께서 사특한 마음을 섞으셨기 때문이라고 했다.

"너의 지혜로운 자가 어디 있느냐 그들이 만군의 여호와께서 애굽에 대하여 정하신 뜻을 알 것이요 곧 네게 고할 것이니라 소안의 방백들은 어리석었고 놉의 방백들은 미혹되었도다 그들은 애굽 지파들의 모퉁이 돌이어늘 애굽으로 그릇 가게 하였도다 여호와께서 그 가운데 사특한 마음을 섞으셨으므로 그들이 애굽으로 매사에 잘못 가게 함이 취한 자가 토하면서 비틀거림 같게 하였으니 애굽에서 머리나 꼬리나 종려나무 가지나 갈대나 아무 할 일이 없으리라"(사 19:12-15)

사특한 마음의 역사(사 19:14)는 악한 영의 역사인데 우리의 눈에는 식별되지 않는다. 결국 하나님께서는 애굽의 지도자들에게 악한 영을 보내셔서 취한 자가 토하면서 비틀거림같이 매사에 잘못 가게 함으로써 심판을 자초하게 하셨던 것이다. 따라서 바로 이 사특한 마음의 역사, 즉 악한 영의 역사인 미혹은 하나님의 심판의 한 방법이다.

그런데 예루살렘 거리에도 더러운 사귀의 역사, 즉 악한 영의 역사가 있었다. 그러므로 하나님께서는 스가랴 선지자를 통해 예루살렘 안의 사귀의 역사를 심판하시겠다고 말씀하셨다.

"그 날에 죄와 더러움을 씻는 샘이 다윗의 족속과 예루살렘 거민을 위하여 열리리라 만군의 여호와가 말하노라 그 날에 내가 우상의 이름을 이 땅에서 끊어서 기억도 되지 못하게 할

것이며 거짓 선지자와 더러운 사귀를 이 땅에서 떠나게 할 것
이라"(슥 13:1-2)

죄와 더러움을 씻는 샘이 다윗의 족속과 예루살렘 거민
을 위해 열리는 그 날에, 하나님께서 거짓 선지자와 더러운
사귀를 예루살렘에서 떠나게 할 것이라고, 즉 심판하신다고
말씀하셨고, 바로 그 날은 하나님이 이 땅에 오시는 날이다.
그래서 거짓 선지자와 더러운 사귀를 도말하여 예루살렘
을 정결케 하시려는 하나님의 역사는 이미 2천 년 전 예수
그리스도께서 이 땅에 오심으로 시작되었고, 종말로 귀신의
처소, 즉 더러운 사귀의 처소가 된 큰 성 바벨론의 심판(계
18:2, 21)과 거짓 선지자의 심판(계 19:11, 14, 19-21)을 통
해 완성될 것이다.

"힘센 음성으로 외쳐 가로되 무너졌도다 무너졌도다 큰 성
바벨론이여 귀신의 처소와 각종 더러운 영의 모이는 곳과 각
종 더럽고 가증한 새의 모이는 곳이 되었도다"(계 18:2)

"이에 한 힘센 천사가 큰 맷돌 같은 돌을 들어 바다에 던져
가로되 큰 성 바벨론이 이같이 몹시 떨어져 결코 다시 보이지
아니하리로다"(계 18:21)

"또 내가 하늘이 열린 것을 보니 보라 백마와 탄 자가 있으니 그 이름은 충신과 진실이라 그가 공의로 심판하며 싸우더라 …… 하늘에 있는 군대들이 희고 깨끗한 세마포를 입고 백마를 타고 그를 따르더라 …… 또 내가 보매 그 짐승과 땅의 임금들과 그 군대들이 모여 그 말 탄 자와 그의 군대로 더불어 전쟁을 일으키다가 짐승이 잡히고 그 앞에서 이적을 행하던 거짓 선지자도 함께 잡혔으니 이는 짐승의 표를 받고 그의 우상에게 경배하던 자들을 이적으로 미혹하던 자라 이 둘이 산 채로 유황불 붙는 못에 던지우고 그 나머지는 말 탄 자의 입으로 나오는 검에 죽으매 모든 새가 그 고기로 배 불리우더라"(계 19:11, 14, 19-21)

귀신의 처소, 즉 사귀의 처소가 된 큰 성 바벨론은 범죄한 음녀 예루살렘의 또 다른 이름으로서 세속화된 이방인 교회 세대를 상징하며, 주님의 검으로 심판받을 거짓 선지자는 예루살렘이 예표하는 교회 안에서 백성을 그릇된 길로 미혹하는 목회자들이다. 이들은 백성을 예수 그리스도의 명령대로 부모와 처자와 소유에 대해 자기 부인의 십자가를 지고 모든 소유를 버리기까지 주를 따르는(눅 14:26-27, 33) 제자도의 좁은 길이 아니라, 꿈과 비전을 향한 세상의 넓은 대로를 활보하게 만든 장본인들이다.

심판의 그 날은 수정같이 맑은 생명수의 강이 만국을 소성시키기 위해 하나님과 어린양의 보좌로부터 흘러나오는 정화의 날이다.

주님께서는 장차 예루살렘이 예표하는 이방인 교회 시대의 정화를 바라보시며 그 날이 아버지 나라의 포도나무에서 난 것을 새 것으로 마시는 날이 될 것이라고 최후의 만찬 석상에서 말씀하셨다.

> "또 잔을 가지사 사례하시고 저희에게 주시며 가라사대 너희가 다 이것을 마시라 이것은 죄 사함을 얻게 하려고 많은 사람을 위하여 흘리는바 나의 피 곧 언약의 피니라 그러나 너희에게 이르노니 내가 포도나무에서 난 것을 이제부터 내 아버지의 나라에서 새 것으로 너희와 함께 마시는 날까지 마시지 아니하리라 하시니라 이에 저희가 찬미하고 감람 산으로 나아가니라"(마 26:27-30)

예수 그리스도 초림 때에 다윗 족속과 예루살렘 거민을 위해 죄와 더러움을 씻는 샘이 흘러나왔듯이, 종말에도 사귀의 처소가 된 큰 성 바벨론이 심판을 받고, 여기저기 광야와 골방에서 백성을 미혹하던 거짓 선지자들이 심판을 받는 날, 하나님과 및 어린양의 보좌로부터 수정같이 맑은 생명수의 강이 만국을 소성시키기 위해 흘러나올 것이다.

"또 저가 수정같이 맑은 생명수의 강을 내게 보이니 하나님과 및 어린양의 보좌로부터 나서 길 가운데로 흐르더라 강 좌우에 생명나무가 있어 열두 가지 실과를 맺히되 달마다 그 실과를 맺히고 그 나무 잎사귀들은 만국을 소성하기 위하여 있더라"(계 22:1-2)

바로 이 생명수의 강이 주님께서 최후의 만찬 석상에서 말씀하셨던 아버지 나라의 포도나무에서 나는 새 포주이고 (마 26:27-3), 시온에서 들릴 새 노래이다.

"또 내가 보니 보라 어린양이 시온 산에 섰고 그와 함께 십사만 사천이 섰는데 그 이마에 어린양의 이름과 그 아버지의 이름을 쓴 것이 있도다 내가 하늘에서 나는 소리를 들으니 많은 물소리도 같고 큰 뇌성도 같은데 내게 들리는 소리는 거문고 타는 자들의 그 거문고 타는 것 같더라 저희가 보좌와 네 생물과 장로들 앞에서 새 노래를 부르니 땅에서 구속함을 얻은 십사만 사천 인밖에는 능히 이 노래를 배울 자가 없더라"(계 14:1-3)

이처럼 성경이 거짓 선지자와 사귀의 역사를 정죄하고 있는 것은 거짓 선지자의 배후에 사귀, 즉 악한 영의 역사가 있기 때문이다. 그러므로 주님께서 그토록 경계하셨던 거짓 선지자의 역사는 배후에 사귀, 즉 악한 영의 역사가 있다. 그리고 이 악한 영의 역사는 다른 복음, 다른 예수, 다른 영을 가진 사람들의 역사로 나타난다(고후 11:4).

그 옛날 예루살렘 거리에 거짓 선지자와 사귀의 역사가 있었듯이, 다가오는 종말의 교회 안에도 거짓 선지자와 사귀의 역사가 있다.

그러면 종말의 성도가 악한 영의 거짓 목회자와 성령의 참목회자를 어떻게 구별을 할 수 있는가? 그들이 전하는 말씀을 통해서 분별할 수 있다.

미가 선지자는 두 부류의 선지자에 대해서 극명하게 대조를 시키고 있다. 한 부류는 이에 물면 평강을 외치는 자들이다. 그리고 다른 한 부류는 야곱의 허물과 이스라엘의 죄를 고하는 자들이다.

"내 백성을 유혹하는 선지자는 이에 물면 평강을 외치나 그 입에 무엇을 채워 주지 아니하는 자에게는 전쟁을 준비하는도다 이런 선지자에 대하여 여호와께서 가라사대 그러므로 너희가 밤을 만나리니 이상을 보지 못할 것이요 흑암을 만나리니 점치지 못하리라 하셨나니 이 선지자 위에는 해가 져서 낮이 캄캄할 것이라"(미 3:5-6)

"오직 나는 여호와의 신으로 말미암아 권능과 공의와 재능

으로 채움을 얻고 야곱의 허물과 이스라엘의 죄를 그들에게

보이리라"(미 3:8)

"야곱의 허물과 이스라엘의 죄"가 오늘날 의미하는 바는 무엇인가? 첫째, 처음 사랑의 행위를 잃어버린 허물과 죄이다(계 2:4-5). 둘째, 잘못된 교훈을 하나님의 말씀으로, 즉 복음으로 용납한 허물과 죄이다(계 2:14-15). 셋째, 교회를 세속화시키는 교훈을 가진 자칭 선지자라 하는 거짓 목회자를 용납한 허물과 죄이다(계 2:20). 넷째, 행위의 온전한 열매를 맺지 못하면서도 살았다 하는 이름을 가진 크리스천인의 허물과 죄이다(계 3:1-2). 다섯째, 차지도 덥지도 않으면서 스스로 구원받았다 하며 신앙의 부요를 자랑하는 허물과 죄이다(계 3:16-17). 여섯째, 비록 환란과 궁핍 가운데서 신앙의 부요를 간직해 왔다 할지라도 죽도록 충성하며 장차 받을 고난을 준비하기는커녕 10년 20년 후의 세속의 영광을 꿈꾸고 있는 허물과 죄이다(계 2:9-10). 일곱째, 적은 능력을 가지고도 얼마든지 하나님의 말씀을 지키며 주의 이름을 배반하지 않을 수 있음에도 불구하고 큰 능력을 받아야만 하나님께 영광을 돌린다고 하며 헛된 인생의 꿈을 꾸고 있는 허물과 죄이다(계 3:8). 이상의 모든 허물과 죄는 성령께서 교회들에게 친히 지적하시는 말씀이다(계 2:7, 11, 17, 19; 3:6, 13, 22).

그런데 오늘날 대부분의 설교는 이와 같은 야곱의 허물과 이스라엘의 죄, 즉 교회 세대의 허물과 죄에 대한 회개의 촉구가 아니라 하나같이 '꿈'이 주제가 되었고, '축복'이 주제가 되었고, '응답'이 주제가 되었고, '웰빙'이 주제가 되었고, '해결'이 주제가 되었고, '말한 대로 된다.'가 주제가 되었고, '할 수 있다.'가 주제가 되었고, '실패는 없다.'가 주제가 되었고, '이루어진다.'가 주제가 되었고, '책임져 주신다.'가 주제가 되었고, '머리가 된다.'가 주제가 되었고, '리더가 된다.'가 주제가 되었고, '영향력 있는 인생이 된다.'가 주제가 되었고, '형통한다.'가 주제가 되었고, 심지어 노골적으로 '부자 된다.'가 주제가 되었고, '성공한다.'가 주제가 되었다. 이 같은 설교들의 핵심 주제를 한마디로 요약하면 결국 '평강 타령'이다.

성령이 교회들에게 하시는 말씀의 주제와는 다른 이 같은 설교들은 그 배후에 다른 영의 역사, 즉 악한 영의 역사가 있다. 오늘날 이 악한 영의 역사를 힘입고 주의 이름으로 선지자 노릇 하는 많은 목회자들이 평강 타령하는 거짓 선지자의 길을 걷고 있다.

이들은 하나같이 머리 둘 곳 없었던 예수의 제자임을 입으로는 자처하고, 예수 그리스도의 복음에 헌신하기 위해 모든 것을 버리고 일생을 나그네로 살았던 사도들의 후예임을 입으로는 자처하면서도, 실제로는 안락한 사택에 대한 미련을 버리지 못하고, 넉넉한 사례비에 연연하고, 풍족한 퇴직금을 고집한다. 그리고 이 같은 그들의 희망이 충족되지 않으면 얼굴이 붉어진다. 이런 행태가 "이에 물면 평강을 외치면서도 입에 무엇을 채워 주지 않으면 전쟁을 준비"(미 3:5)하는, 마음이 할례 받지 못한 거짓 선지자들의 모습이다.

그들의 머리 위에는 "해가 어두워져 낮이 밤같이 캄캄한" 하나님의 심판이 임하여 있다. 그러므로 그들은 묵시의 말씀에 소경이 되어 야곱의 허물과 이스라엘의 죄를 고할 줄 모르고 늘 평강 타령하는 것이다.

주님께서는 마태복음 24장 종말강화를 마무리하시면서 때를 따라 양식을 나누어 주는 충성되고 지혜 있는 종과 술 친구들로 더불어 먹고 마시는 악한 종을 구분할 것을 세상 사람들이 아니라 당신의 제자들에게 경계하셨다. 따라서 주님께서 지적하신 두 부류의 종의 비유는 종말의 비밀을 간직하고 있는 마태복음 24장 종말강화에서 아주 중요한 핵심 경고이다.

"그러므로 깨어 있으라 어느 날에 너희 주가 임할는지 너희 가 알지 못함이니라 너희도 아는 바니 만일 집주인이 도적이 어느 경점에 올 줄을 알았더면 깨어 있어 그 집을 뚫지 못하게 하였으리라 이러므로 너희도 예비하고 있으라 생각지 않은 때

에 인자가 오리라 충성되고 지혜 있는 종이 되어 주인에게 그
집 사람들을 맡아 때를 따라 양식을 나눠 줄 자가 누구뇨 주인
이 올 때에 그 종의 이렇게 하는 것을 보면 그 종이 복이 있으
리로다 내가 진실로 너희에게 이르노니 주인이 그 모든 소유
를 저에게 맡기리라 만일 그 악한 종이 마음에 생각하기를 주
인이 더디 오리라 하여 동무들을 때리며 술친구들로 더불어
먹고 마시게 되면 생각지 않은 날 알지 못하는 시간에 그 종의
주인이 이르러 엄히 때리고 외식하는 자의 받는 율에 처하리
니 거기서 슬피 울며 이를 갊이 있으리라"(마 24:42-51)

마태복음 24:42-51의 말씀에서 악한 종이 "주인이 더디
오리라." 하며 술친구들로 더불어 먹고 마시고 있다는 것은
장차 이들이 실제로 술집에서 친구들과 술을 마신다는 의미
가 아니다.

성경은 하나님께서 백성에게 들려주고자 하시는 묵시의
말씀에 소경 된 상태를 취하여 비틀거리는 상태로 묘사하고
있다.

"너희는 놀라고 놀라라 너희는 소경이 되고 소경이 되라 그
들의 취함이 포도주로 인함이 아니며 그들의 비틀거림이 독주
로 인함이 아니라 대저 여호와께서 깊이 잠들게 하는 신을 너
희에게 부어 주사 너희의 눈을 감기셨음이니 눈은 선지자요

너희 머리를 덮으셨음이니 머리는 선견자라 그러므로 모든 묵시가 너희에게는 마치 봉한 책의 말이라 그것을 유식한 자에게 주며 이르기를 그대에게 청하노니 이를 읽으라 하면 대답하기를 봉하였으니 못하겠노라 할 것이요 또 무식한 자에게 주며 이르기를 그대에게 청하노니 이를 읽으라 하면 대답하기를 나는 무식하다 할 것이니라"(사 29:9-12)

이사야 선지자는, 이스라엘의 선지자와 선견자들이 취하여 비틀거림은 실제로 포도주와 독주를 마셨기 때문이 아니라 하나님께서 그들에게 깊이 잠들게 하는 신을 부으셨기 때문에 하나님의 말씀을 제대로 분별하지 못하고 있는 것이라고 했다. 그러므로 마태복음 24:42-51의 악한 종들이 술친구들로 더불어 먹고 마시면서 주인이 더디 오리라 하고 있다는 것은 하나님의 말씀에 소경이 되어 때를 분별하지 못하고 있다는 것이다. 때를 분별하지 못하는 자들은 당연히 평강 타령을 하게 되어 있다.

그러므로 마태복음 24:42-51과 이사야 29:9-12과 미가서 3:5-6의 말씀을 연관 지어 보면 이사야 선지자가 경계하고 있는 "하나님으로부터 눈이 감기우고 머리가 덮이는 심판을 받아 하나님의 말씀을 분별하지 못하고 술 취한 자와 같이 비틀거리는 선지자와 선견자"는 미가 선지자가 경계하고 있는 "장차 머리 위에 해가 져서 밤을 만나게 될 평강 타령하는 거짓 선지자들"과 동일하며, 평강 타령하는 거짓 선지자들은 주님께서 말씀하신 "술친구들로 더불어 먹고 마시고 주인이 더디 오리라." 하는 악한 종들이다.

따라서 악한 종의 특징은 하나님의 말씀을 분별하지 못하기 때문에 "주인이 더디 오리라."고 생각하게 되는 것이고 "주인이 더디 오리라."고 생각하기 때문에 교인들에게 오늘 밤에라도 오실 주님 앞에 흠도 점도 없이 나타나도록 성화를 힘쓰게 교훈하는 것이 아니라, 정과 욕심을 십자가에 못 박지 못한 교인에게 10년, 20년 후의 성공한 자화상을 꿈꾸게 하는 것이다. 이들의 꿈 타령하는 설교가 바로 평강 타령하는 설교이다.

음행의 포도주로 온 땅을 취하게 만들던 큰 성 바벨론(계 14:8; 18:3)이 심판을 받고 음행의 포도주를 백성에게 먹인 거짓 선지자들이 심판받는 날(계 19:20), 바로 그 날에 하나님의 도성 거룩한 성 새 예루살렘이 하늘에서 내려올 것이다(계 21:2).

거룩한 성 새 예루살렘이 하늘에서 내려온다는 것은 실제 건물이 내려오는 것을 의미하는 것이 아니다. 그 옛날 타락한 예루살렘과 그 거민이 소돔과 고모라로 일컬어졌듯이(사 1:10, 렘 23:14) 요한계시록에서 큰 성 바벨론으로 불리는 세속화된 이방인 교회 세대가 주의 날에 심판을 받고, 거룩한 성 새 예루살렘으로 새롭게 정화될 것을 의미한다.

"내가 또 나의 손을 네게 돌려 너의 찌끼를 온전히 청결하
여 버리며 너의 혼잡물을 다 제하여 버리고 내가 너의 사사들
을 처음과 같이, 너의 모사들을 본래와 같이 회복할 것이라 그
리한 후에야 네가 의의 성읍이라, 신실한 고을이라 칭함이 되
리라 하셨나니 시온은 공평으로 구속이 되고 그 귀정한 자는
의로 구속이 되리라"(사 1:25-27)

회복되는 의의 성읍, 신신한 고을이 바로 거룩한 성 새 예
루살렘이다. 이제 그 날에 시온 곧 하나님의 백성이 공평과
의로 구속이 되는 날에 하나님의 영생의 장막이 그들을 덮
을 것이다.

"내가 들으니 보좌에서 큰 음성이 나서 가로되 보라 하나
님의 장막이 사람들과 함께 있으매 하나님이 저희와 함께 거
하시리니 저희는 하나님의 백성이 되고 하나님은 친히 저희와
함께 계셔서 모든 눈물을 그 눈에서 씻기시매 다시 사망이 없
고 애통하는 것이나 곡하는 것이나 아픈 것이 다시 있지 아니
하리니 처음 것들이 다 지나갔음이러라 보좌에 앉으신 이가
가라사대 보라 내가 만물을 새롭게 하노라 하시고 또 가라사
대 이 말은 신실하고 참되니 기록하라 하시고"(계 21:3-5)

호세아 선지자는 백성의 신앙의 변질과 혼합과 타락을 바

로 세우지 못하는 지도자들의 책임을 고발하고 있다.

> "제사장들아 이를 들으라 이스라엘 족속들아 깨달으라 왕
> 족들아 귀를 기울이라 너희에게 심판이 있나니 너희가 미스바
> 에서 올무가 되며 다볼 위에서 친 그물이 됨이라"(호 5:1)

지도자들이 우상과 하나님을 겸하여 섬기며 영적 간음을
자행하는 백성에게 얼마나 바른 신앙 교육을 시키지 못했으
면 어리석은 백성들이 영적 간음을 자행하면서도(호 4:11-
12) 양 떼와 소 떼를 이끌고 여호와를 찾으러 다녔겠는가(호
5:6).

야고보는 세속화된 교인들을 향해 간음한 여인들이라고
정죄했다.

> "간음하는 여자들이여 세상과 벗 된 것이 하나님의 원수임
> 을 알지 못하느뇨 그런즉 누구든지 세상과 벗이 되고자 하는
> 자는 스스로 하나님과 원수 되게 하는 것이니라"(약 4:4)

오늘날 교회 안에 하나님과 물질, 하나님과 세상을 더불
어 사랑하고 섬기는 세속화된 영적 이스라엘 백성이 양 떼
와 소 떼의 예물을 들고 복 받고 꿈을 이루고 문제 해결 받
을 것을 믿으며 하나님을 만나기 위해 예배당 건물을 출입

하고 있다.

이처럼 신앙의 열매가 없는 이름뿐인 신앙인들, 그래서 살았다 하나 실상은 죽은 자들인(계 3:1) 세속화된 신앙인들이 구원받은 아브라함 자손이라고 자부하며 교회를 출입하는 것은 백성의 세속화를 강력하게 질타하지 못하고 평강 타령이나 하는 세속화된 목회자들 때문이다.

세속화된 목회자들은 소경 된 자들이며, 포도주에 취하고 독주에 비틀거림같이 하나님의 말씀인 경건의 말씀을 이익의 재료로 만들어 버린 자들이다(딤전 6:5). 그들은 지금 술친구들로 더불어 먹고 마시며 불러 주고 불려 가며 두둑한 사례비를 챙긴다.

지금이 어느 때인가! 교회에게 야곱의 허물과 이스라엘의 죄를 고하여 회개시켜야 할 절박한 시점이다. 그런데 승리 타령, 평강 타령, 축복 타령한다는 것은 "주인이 더디 오리라." 생각하는 죄악 된 행위이다. 그러므로 그들은 악한 종들이다.

그들은 교회가 하나님과 세상을 더불어 사랑하지 않도록 철저히 양육하지는 못하면서 전도 열정은 얼마나 대단한지 바다와 육지를 두루 다니며 교인 하나를 예배당 건물로 데려오는 데는 열심이다. 그러나 그들이 불러 모은 교인들을 모든 소유를 버리기까지 주를 따르는 참된 제자(눅 14:26-27, 33)로 양육하지 못하고 인생의 꿈이나 크게 상상하게 만든다면 교인들을 배나 지옥 자식을 만드는 것이다.

"화 있을진저 외식하는 서기관들과 바리새인들이여 너희는
교인 하나를 얻기 위하여 바다와 육지를 두루 다니다가 생기
면 너희보다 배나 더 지옥 자식이 되게 하는도다"(마 23:15)

서기관들과 바리새인들의 트레이드마크는 외식이다. 마
찬가지로 바른 신앙 교육을 시키지 못하고 꿈의 포도주로
백성을 취하게 만드는, "주인이 더디 오리라." 하는 악한 종
은 외식하는 자의 받는 율(律)에 처하게 될 것이다.

"외식하는 자의 받는 율에 처하리니 거기서 슬피 울며 이를
갊이 있으리라"(마 24:51)

호세아 시대에 이스라엘 백성이 하나님과 우상을 겸하여
섬기는 영적 간음을 범했듯이 교회 시대의 신앙인들이 하나
님과 세상, 하나님과 물질을 더불어 사랑하는 영적 간음을
범하고 있다. 구약의 이스라엘 백성이 영적 간음을 범하면
서 양 떼와 소 떼를 이끌고 하나님을 만나러 성전을 출입했
다. 마찬가지로 오늘 우리도 마음속에 하나님보다 더 사랑
하는 많은 것들을 가슴에 품고 하나님을 만나러 약간의 헌
물을 가지고 예배당 건물을 출입한다. 그러나 주님께서는

부모와 처자와 소유를 하나님보다 우선시하는 사람은 하나님 나라에 합당치 않다고 분명히 말씀하셨다(눅 14:26-27, 33).

천국 길은 넓은 길이 아니라 좁은 길이다. 초대 예루살렘 교회는 자기 것을 자기 것이라 하지 않고 하나님의 새 계명대로 사랑함으로 하나님을 향한 그들의 사랑을 확증했다(행 4:32-35; 요 14:15, 21; 15:12). 그러나 오늘 우리는 뗄 것 다 뗀 얼마의 물질을 십일조라고 하나님께 드리고는 나머지는 모두가 자기 것인 양 먹고 마시고 집 사서 시집가고 장가가기 바쁘다. 자기 것을 자기 것이라 하지 않았던 초대 예루살렘 교회 교인들과 온전하지 못한 십일조를 하나님께 드리고 그 나머지를 자기 것인 양 넓히고 높이고 치장하는 데 쓰는 오늘의 우리를 비교할 때, 하나님을 사랑하는 자는 누구이고 물질을 사랑하는 자는 누구이겠는가?

지금은 십일조 시대가 아니라 청지기 시대이다. 청지기는 자기 것이라고 주장할 수 있는 것이 아무것도 없다. 모든 것이 주인의 것이다. 예루살렘 초대교회는 자기 것을 자기 것이라 하지 않았기에 그들은 하나님의 선한 청지기였다. 그러므로 오늘 우리들은 주인의 것을 도적질하고 주인의 것을 탕진한 심판받을 불의한 청지기들이다. 우리가 회복해야 할 처음 사랑의 모형은 십일조 하고 성공했다는 사업가 록펠러가 아니라 초대 예루살렘 교회이다.

호세아 시대에 백성들이 무사안일한 신앙관에 젖어 양 떼와 소 떼를 끌고 하나님을 만나러 가면서 구원받은 아브라함의 자손이라고 생각했듯이, 오늘 우리도 교회를 출입하면서 무사안일한 신앙관에 젖어 확실한 천국 백성이 된 것처럼 착각하고 있다. 오늘날 때를 분별하지 못하는 악한 종들 때문에 교회 안에는 자기를 부인하는 십자가를 지고 죽기까지 주를 좇는 제자들은 찾아보기 힘들고 육신의 정욕과 안목의 정욕과 이생의 자랑에 사로잡혀 세속의 꿈을 먹는 사생자들이 대량으로 생산되고 있다.

"저희가 여호와께 정조를 지키지 아니하고 사생자를 낳았으니
그러므로 새 달이 저희와 그 기업을 함께 삼키리로다"(호 5:7)

온전한 십일조는커녕 온전하지도 못한 십일조를 바치고는 나머지 모든 것이 자기 것이고 자기 자녀들 것이고 자기 손자들 것이라고 생각하며 하나님보다 물질을 더 사랑하는 사람은 아무리 성경을 일독하고 속독으로 성경을 백독해도 하나님을 아는 것이 아니다.

"저희의 행위가 저희로 자기 하나님에게 돌아가지 못하게
하나니 이는 음란한 마음이 그 속에 있어 여호와를 알지 못하는 까닭이라"(호 5:4)

이스라엘 백성은 우상을 섬기면서도 하나님이 지정하신 절기의 새 달을 지키는 "주여! 주여" 하는 신앙인이었다. 그러나 호세아 4:19에서는 이스라엘 백성이 하나님께 드린 제물로 인하여 수치를 당할 심판을 선포하고 있으며, 호세아 5:7에서는 이스라엘 백성이 지키는 새 달이 저희와 기업을 함께 삼킬 심판의 날이 될 것이라고 선포하고 있다. 그것은 이스라엘 백성이 하나님과 우상을 겸하여 섬긴 음란한 마음을 가진 행악의 종자요 배도한 자들이었기 때문이다(호 6:7).

오늘 우리가 온전하지도 못한 십일조를 겨우 바치고는 그 나머지를 자기 것인 양 오로지 처자만을 위해 쓰고 소유의 축적에만 골몰한다면 바로 이것이 하나님보다도 물질을 더 사랑한다는 명백한 증거이다. 이처럼 하나님과 물질을 겸하여 섬긴 자는 행악의 종자로서 배도의 길에 서 있는 것이다. 불의한 청지기는 심판을 면치 못할 것이다.

이제 지도자는 백성이 배도의 길, 멸망의 길을 가지 않도록 그들에게 "마음과 성품과 힘과 뜻과 목숨을 다해 하나님을 사랑하지 않는 자는 성 밖에서 슬피 울며 이를 갈게 될 것"이라고 경고해야 한다. 이것이 바로 예루살렘을 정화하러 오시는 하나님의 대로를 수축하는 영원한 복음의 길이다.

9. 심판의 나팔 소리

"종말에도 주의 이름으로 선지자 노릇 하는 거짓 선지자들의 가르침에 미혹되어 다른 예수 다른 복음 다른 영을 용납하고 "주여! 주여!" 했던 많은 사람이 성 밖에서 슬피 울며 이를 갈게 될 것이다 그 때 그들은 비로소 자신들이 거짓 선지자들에게 속았음을 뼈저리게 알게 될 것이다."

호세야 선지자에 의해 이스라엘 백성에게 심판이 예언되었다. 그리고 파멸이 선고되었다. 이때가 기원전 735년 경이었고, 전쟁의 바람이 이스라엘 땅을 가로질러 오기 시작했다. 비상 경고 나팔 소리와 함께 하나님의 심판이 임하여 오고 있었다.

"너희가 기브아에서 나팔을 불며 라마에서 호각을 불며 벧아웬에서 깨우쳐 소리하기를 베냐민아 네 뒤를 쫓는다 할지어다 견책하는 날에 에브라임이 황무할 것이라 내가 이스라엘 지파 중에 필연 있을 일을 보였노라"(호 5:8-9)

"형벌의 날이 이르렀고 보응의 날이 임한 것을 이스라엘이 알지라 선지자가 어리석었고 신에 감동하는 자가 미쳤나니 이는 네 죄악이 많고 네 원한이 큼이니라 에브라임은 내 하나님의 파수꾼이어늘 선지자는 그 모든 행위에 새 잡는 자의 그물 같고 또 그 하나님의 전에서 원한을 품었도다 저희는 기브아의 시대와 같이 심히 패괴한지라 여호와께서 그 악을 기억하시고 그 죄를 벌하시리라"(호 9:7-9)

기브아와 라마는 북이스라엘과 남유다의 접경지대인 베냐민 지파의 땅이다. 그런데 북이스라엘의 선지자였던 호세아가 이처럼 접경지점에서 심판을 경고했던 것은 북이스라엘의 멸망이 남유다를 향한 경고가 되기 때문이다. "기브아에서 나팔을 불고 라마에서 호각을 불지며…… 베냐민아 네 뒤를 좇는다 할지어다"(호 5:8). 이제 앗시리아가 북이스라엘의 국경을 넘어 남유다에게까지 이르게 될 상황이었다. 바로 이것이 "필연 있을 일"(호 5:9)이다. 여기서 "필연 있을 일"은 확실한 일이고 오래 계속될 일을 의미한다. 결국 북이스라엘의 멸망이 확실하며, 또한 포로 생활이 아주 오랫동안 지속될 것임을 의미한다.

"형벌의 날이 이르고 보응의 날이 임한 것을 이스라엘이 알지라"(호 9:7). 여기서 동사들은 예언적 완료형 시제이다. 이것은 바로 '장차 올 일'이 '반드시 성취될 것'을 의미하는 하나님의 선언이다. 따라서 이스라엘은 형벌의 날이 이르고 보응의 날이 임한 그 날에 이르러서야 비로소 자신들에게 평강 타령과 복 타령을 했던 거짓 선지자들에게 속은 것과 그들이 당할 고난의 의미를 깨닫게 된다는 것이다.

"선지자가 어리석었고 신에 감동하는 자가 미쳤나니 이는
네 죄악이 많고 네 원한이 큼이니라"(호 9:7후)

종말에도 주의 이름으로 선지자 노릇 하는 거짓 선지자들의 가르침에 미혹되어 다른 예수 다른 복음 다른 영을 용납하고 "주여! 주여!" 했던 많은 사람이 성 밖에서 슬피 울며 이를 갈게 될 것이다. 그 때 그들은 비로소 자신들이 거짓 선지자들에게 속았음을 뼈저리게 알게 될 것이다. 그래서 주님께서는 거짓 선지자들의 미혹을 그토록 경계하셨던 것이다. 그러므로 우리는 거짓 선지자의 미혹에 대해서 그 실상을 철저히 파악하고 분별할 수 있어야 한다.

이제 이스라엘의 죄악은 기브아의 시대와 같이 심히 패괴했다(호 9:9). 기브아 시대의 패역은 사사기 19장과 21장에 기록되어 있다. 에브라임 산지 구석에 유다 베들레헴에서 첩을 취했던 부정한 레위 사람이 있었다. 그런데 그 첩이 행음하고 남편을 떠나 유다 베들레헴의 아비 집으로 가서 넉 달이나 지나도 돌아오지 않았다. 그래서 그 레위 사람은 유

다 베들레헴에 있는 애첩의 집을 찾아가 장인에게 인사하고 첩을 데리고 에브라임 산지로 돌아오는 길에 기브아라는 지역에서 유숙하게 되었다. 거기서 한 노인의 집으로 들어갔는데 그때 기브아 지역의 비류들이 몰려와서 그 레위 사람을 범하고자 했다. 그러자 레위 사람은 비겁하게도 자기를 대신해 애첩을 비류들에게 내어 주었고, 애첩은 비류들로부터 욕을 당하고 죽어 버렸다. 이 일로 분노한 레위 사람은 첩의 시체를 열두 토막 내어 이스라엘 각 지파에게로 보내어 원수 갚아 줄 것을 호소했다.

이에 분노한 이스라엘 족속들이 모여와서 기브아 사람들에게 그 비류들을 자신들에게 내어 주어서 처단하게 할 것을 요구했다. 그러나 기브아 사람들이 불응했고 민족상잔의 전쟁이 벌어지게 되었다. 그런데 기브아 사람들이 속했던 베냐민 족속 외에 칼을 빼 든 이스라엘 사람 사십만 명이 베냐민 지파의 정벌에 나섰지만 40만의 용사가 자그만한 베냐민 지파를 당해 내지 못하고 두 번에 걸쳐 완패를 당했다. 그러자 베냐민 지파는 기고만장해서 자기들의 허물을 뉘우치지 않고 더욱 강퍅해졌다. 그러나 결국 40만의 용사는 베냐민 지파를 도륙했고, 베냐민 지파는 겨우 6백 명만이 생존하게 되었다. 이처럼 하나님께서는 기브아 거민들의 죄악을 용서치 않으시고 심판하셨던 것이다.

하나님께서는 그 옛날 기브아 사람들의 패역을 용서치 않으시고 단 육백 명의 생존자만을 남기신 것처럼, 북이스라엘의 죄악을 철저하게 심판하시겠다고 호세아의 입을 통해 예언하셨다.

> "그들은 기브아의 시대와 같이 심히 부패한지라 여호와께
> 서 그 악을 기억하시고 그 죄를 벌하시리라"(호 9:9)

그런데 호세아 시대의 이스라엘 백성이 그 옛날 기브아 사람들처럼 자기들의 허물은 회개치 않고 기고만장했던 것은 평강 타령하고 축복 타령하는 거짓 선지자들 때문이었다.

이스라엘 백성은 호세아 선지자를 어리석은 자, 미친 자로 취급했다. 그러나 사실은 백성 가운데서 스스로 하나님의 신에 감동되었다고 말하면서 평강 타령과 축복 타령으로 그들을 지도했던 종교 지도자들이 어리석은 자들이었고 미친 자들이었다(호 9:7).

결국 거짓 선지자들의 거짓 가르침이 새 잡는 자의 그물같이 백성의 영을 사로잡아 오히려 하나님으로부터 심판을 받는 어리석고 강퍅한 백성으로 만들고 말았던 것이다(호 9:8). 이처럼 백성을 미혹해 하나님을 떠나게 했던 거짓 선지자들의 죄악으로 말미암아 이스라엘은 몰락의 길을 치달아 갔다.

10. 뒤집지 않은 전병

"십일조를 한다고 우쭐대는 신앙인조차도 십 분의 구는 하나님의 것이 아니라 자기 것이라고 생각한다. 그래서 십 분의 구를 가지고 부모와 처자를 공양하는 일에 피와 땀을 쏟아붓는다. 이런 의미에서 오늘 우리는 불의한 청지기들이고, 혼잡된 신앙의 주인공들이다."

북이스라엘은 하나님께로 돌아가지 않고 뒤집지 않은 전병처럼 열방에 혼잡되어 갔다.

"에브라임이 열방에 혼잡되니 저는 곧 뒤집지 않은 전병이로다 저는 이방인에게 그 힘이 삼키웠으나 알지 못하고 백발이 얼룩얼룩할지라도 깨닫지 못하는도다 이스라엘의 교만은 그 얼굴에 증거가 되나니 저희가 이 모든 일을 당하여도 그 하나님 여호와께로 돌아오지 아니하며 구하지 아니하도다"(호 7:8-10)

에브라임이 열방에 혼잡되었다는 것은, 이스라엘 백성이 그들의 구원자가 되시는 하나님만을 신뢰하지 않고 이방 민족들과 동맹을 맺고 그들의 우상을 섬긴 것을 의미한다.

그렇다면 이스라엘은 하나님을 버렸던 것인가? 아니다. 그들은 결단코 하나님을 떠나지 않았다. 그들은 양 떼와 소 떼를 이끌고 하나님을 찾았다(호 5:6). 문제는 그들이 하나님도 섬기고 의지하면서 또한 이방도 의지하고 이방의 우상도 섬긴 것이다.

결국 그들의 죄악은 하나님을 섬기지 않은 것이 아니라 하나님과 이방을 더불어 의지하고 하나님과 이방의 우상을 더불어 섬긴 것이다. 하나님만을 의지하지 않고 하나님만을 예배하지 않는 것, 바로 이것이 혼잡이다. 혼잡은 노아 시대의 의미로는 하나님의 아들들이 사람의 딸들과 결혼한 사건이다(창 6:2).

구약 이스라엘은 다른 신인 우상을 하나님과 더불어 의지하고 섬겨서는 안 된다는 준엄한 하나님의 명령 앞에 서 있었다. 마찬가지로 오늘 우리는 하나님과 재물, 하나님과 세상을 더불어 섬기고 의지해서는 안 된다는 주님의 근엄한 산상수훈 앞에 서 있다.

"한 사람이 두 주인을 섬기지 못할 것이니 혹 이를 미워하며 저를 사랑하거나 혹 이를 중히 여기며 저를 경히 여김이라

너희가 하나님과 재물을 겸하여 섬기지 못하느니라"(마 6:24)

"이 세상이나 세상에 있는 것들을 사랑치 말라 누구든지 세상을 사랑하면 아버지의 사랑이 그 속에 있지 아니하니 이는 세상에 있는 모든 것이 육신의 정욕과 안목의 정욕과 이생의 자랑이니 다 아버지께로 좇아온 것이 아니요 세상으로 좇아온 것이라 이 세상도, 그 정욕도 지나가되 오직 하나님의 뜻을 행하는 이는 영원히 거하느니라"(요일 2:15-17)

구약 이스라엘의 후예가 된 영적 이스라엘인 교회 시대의 우리는 발달된 과학 문명의 시대를 살다 보니 보이는 형상의 우상을 숭배하지는 않는다. 그래서 어린아이조차도 목석의 우상에게 절하라고 하면 절하지 않는다. 그러나 우리에게는 다른 우상이 있다. 그것은 바로 돈이고, 돈 없이는 살수 없는 세상이다.

오늘 우리가 하나님만으로 기뻐하고 만족하지 못하고 돈이 있어야 기뻐하고 만족한다면 이는 혼잡된 삶을 살고 있는 것이다. 오늘 우리가 하나님만을 신뢰하지 못하고 돈을 함께 신뢰하며 재물을 축적하기에 여념이 없다면 이 또한 혼잡된 삶을 살고 있는 것이다. 오늘 우리가 하나님의 일에는 열심을 내지 못하면서 돈 버는 일에는 열심을 내고 있다면 이 또한 혼잡된 삶을 살고 있는 것이다. 오늘 우리가 하늘의 곳간을 채우지는 못하면서 이 땅의 곳간을 채우기에 여념이 없다면 이 또한 혼잡된 삶을 살고 있는 것이다.

구약 이스라엘이 하나님과 우상을 더불어 섬기는 것이 하나님을 미워하는 죄가 되었듯이 오늘 우리가 하나님과 재물을 더불어 사랑하면 바로 이것이 하나님을 경히 여기며 미워하는 것이다.

"주여! 주여!" 하는 우리 가운데 하나님을 예배하지 않고 하나님을 사랑하지 않는다는 사람은 아무도 없다. 그러나 문제는 하나님을 예배하고 하나님을 사랑한다는 우리가 돈도 의지하고 돈도 사랑한다는 것이다. 그러기 때문에 돈을 가지고 하나님의 일에는 열심을 내지도 못하면서 자기를 위해서는 그토록 투자하고 소비하는 것이다. 십일조를 하고 감사헌금도 한다고 자부하는 신앙인조차도 십 분의 구나 팔은 하나님의 것이 아니라 자기 것인 양 생각한다. 그래서 십분의 구나 팔을 가지고 부모와 처자를 공양하는 일에 평생 피와 땀을 쏟아붓는다. 이런 의미에서 오늘 우리는 불의한 청지기들이고, 혼잡된 신앙의 주인공들이다.

물질, 바로 이것이 오늘 우리에게 있어서 근래에 일어난 새 신(神)이다(신 32:17). 교회 세대의 죄악은 하나님을 예배하지 않고 하나님을 사랑하지 않는 것이 아니라, 하나님도 예배하고 하나님을 사랑하면서 물질을 더불어 의지하고 사랑하는 것이다. 물질을 하나님의 뜻대로 사용하지 않는 불의한 청지기는 신약의 우상 숭배자들이다.

예레미야 선지자는 하나님과 우상을 더불어 숭배하는 이스라엘 백성을 가리켜 간음하는 여인이라고 불렀다.

"내게 배역한 이스라엘이 간음을 행하였으므로 내가 그를 내어쫓고 이혼서까지 주었으되 그 패역한 자매 유다가 두려워 아니하고 자기도 가서 행음함을 내가 보았노라"(렘 3:8)

에스겔 선지자 역시, 하나님의 구원의 은혜를 저버리고 이방의 세력을 의지하며 이방의 우상을 섬기는 이스라엘을 가리켜 음란한 여인이라고 불렀다.

"내가 네 곁으로 지나며 보니 네 때가 사랑스러운 때라 내 옷으로 너를 덮어 벌거벗은 것을 가리우고 네게 맹세하고 언약하여 너로 내게 속하게 하였었느니라 나 주 여호와의 말이니라 내가 물로 너를 씻겨서 네 피를 없이 하며 네게 기름을 바르고 수놓은 옷을 입히고 물돼지 가죽신을 신기고 가는 베로 띠우고 명주로 덧입히고 패물을 채우고 팔 고리를 손목에 끼우고 사슬을 목에 드리우고 코고리를 코에 달고 귀고리를 귀에 달고 화려한 면류관을 머리에 씌웠나니 이와 같이 네가 금, 은으로 장식하고 가는 베와 명주와 수놓은 것을 입으며 또 고운 밀가루와 꿀과 기름을 먹음으로 극히 곱고 형통하여 왕

후의 지위에 나아갔느니라 네 화려함을 인하여 네 명성이 이 방인 중에 퍼졌음은 내가 네게 입힌 영화로 네 화려함이 온전함이니라 나 주 여호와의 말이니라 그러나 네가 네 화려함을 믿고 네 명성을 인하여 행음하되 무릇 지나가는 자면 더불어 음란을 많이 행하므로 네 몸이 그들의 것이 되도다"(겔 16:8-15)

여기서 사랑 받았던 어린 여아는 애굽의 압제에서 430년 간 노예로 신음했던 이스라엘 백성을 가리킨다. 하나님께서 그 어린 여아의 곁을 지나갈 때, 그 여아는 벌거벗은 적신이었다. 그러나 버림받은 것과 같았던 노예 민족 이스라엘은 이 세상에서 유일하게 하나님의 선택적 사랑을 받았다. 하나님께서는 노예 민족 이스라엘을 당신의 구원의 옷으로 덮어 당신에게 속한 특별한 백성이 되게 하셨다. 그래서 물로 그녀를 씻겨 피를 없이 하며, 기름을 발라 주고, 수놓은 옷을 입혀 주고, 물돼지 가죽신을 신겨 주고, 명주로 덧입히고, 패물을 채워 주고, 화려한 면류관을 머리에 씌워 만군의 여호와이신 하나님의 신부가 되게 하셨던 것이다. 그래서 이스라엘 백성은 오로지 하나님의 은혜로 인해 극히 곱고 형통하여 왕후의 지위에 나아갔다.

그러나 그 많은 사랑을 받으며 채색으로 단장되었던 이스라엘 백성이었건만, 결국 그들은 무릇 지나가는 남자면 더불어 음란을 많이 행하는 창기가 되고 말았다. 그들은 하나님께서 은혜로 허락해 주신 왕후의 지위에 만족하지 못하고 이방의 풍속을 따라 비천한 죄의 백성으로 전락해 갔던 것이다. 결국 그들은 하나님으로부터 이혼을 당할 수밖에 없었다.

우리도 피투성이 되어 발짓하는 죄인들이었다. 그러나 예수 그리스도의 보혈로 말미암아 깨끗이 씻김을 받고 의의 옷을 입은 자들, 성령의 기름 부음을 받은 자들, 복음의 신을 신은 자들, 하나님의 신부로서 왕후의 면류관을 받은 자들이 되었다. 이에 사도 베드로는 하나님의 긍휼을 받지 못했던(벧전 2:10) 우리가 예수 그리스도의 넘치는 사랑으로 말미암아 하나님의 택하신 족속이 되었고, 왕 같은 제사장이 되었으며, 거룩한 나라로서 하나님의 소유된 백성이 되었다고 했다(벧전 2:9).

그러나 우리는 하나님의 소유된 백성으로 살기보다는 세상에서 인정받고 명성을 얻는 세상의 아들들이 되기를 소원한다. 거룩한 제사장의 직분으로 살아가려 하기보다는 명문대생, 부자, 성공한 사업가로 살아가기를 소원한다. 하나님이 주신 물질로 가난한 형제 교인, 형제 교회, 형제 선교사를 돕기보다는 내 처자를 먹이고 입히는 데 여념이 없다. 온전한 십일조는 하지 않는 사람들이 고급 자동차 할부는 꼬박꼬박 납부한다. 뗄 것 다 뗀 도적질한 십일조를 하고는 나머지 십 분의 구로 평생 동안 주식 투자하고 넓은 집 장만하는 데 여념이 없다. 내 집 단장 인테리어 비용 천만 원은 아깝지 않아도 가난한 형제 교인과 교회와 선교사를 위해 백만 원 헌신하는 것은 내 살을 베어내는 것처럼 고통스러워 도무지 할 수 없다.

우리 모두는 육신의 정욕과 안목의 정욕과 이생의 자랑에 사로잡혀 있다. 세상에 속한 모든 것은 하나님과 원수 된 것이다(요일 2:15-16). 하나님과 원수 된 이 세상에서 칭찬과 명성을 추구하는 모든 신앙인은 하나님과 세상을 더불어 사랑하는 간음하는 자들이다. 물론 우리 중에 하나님을 사랑하지 않고 미워하는 사람은 없다. 그러나 신앙의 간음은 하나님을 사랑하지 않아서가 아니라 하나님을 사랑하되 동일하게 하나님과 원수 된 세상도 사랑하는 것이다. 결국 하나님만 사랑하지 않는 것이 간음이다(약 4:4). 바로 이 간음하는 여인인 우리가 남편이신 하나님을 미워하는 자이다.

하나님의 사랑은 질투하는 사랑이기에 하나님께서는 우리에게 부모와 처자와 형제자매조차도 미워할 정도로 당신만을 사랑하기를 원하신다. 그리고 모든 소유를 버리기까지 당신을 따르라고 하셨다.

"무릇 내게 오는 자가 자기 부모와 처자와 형제와 자매와 및 자기 목숨까지 미워하지 아니하면 능히 나의 제자가 되지

못하고"(눅 14:26)

"이와 같이 너희 중의 누구든지 자기의 모든 소유를 버리지
아니하면 능히 내 제자가 되지 못하리라"(눅 14:33)

하나님과 세상, 하나님과 물질을 더불어 사랑하는 간음한
여인인 세속화된 신앙인들에게 하나님께서는 이혼서를 주
어서 내어 쫓을 것이다. 결국 이들은 빛이신 하나님으로부
터 분리되어 바깥 어두움 가운데서 슬피 울며 이를 갈게 될
것이다.

호세아 선지자 당시의 이스라엘 백성은 하나님보다도 앗
수르나 애굽과 같은 강대국을 더 의지하며 국방의 든든함을
과시했다. 하나님보다 강대국을 의지하다 보니 그들의 세속
적인 문물과 우상이 물밀듯이 이스라엘 땅으로 들어오게 되
었다.

오늘 우리도 하나님보다 물질과 성공을 더 의지하며 살
아간다. 그래서 신앙이 식고 미지근해지는 것은 아랑곳하
지 않고 얼마든지 살아가면서, 물질이 없이는 성공을 꿈꾸
지 않고는 살아갈 수가 없게 되었다. 오늘 우리는 물질이 없
는 것을 두려워하고, 성공하지 못하는 것은 두려워하면서도
하나님을 두려워하지 않는 백성이 되고 말았다. 하나님보다
도 물질과 성공을 더 의지하다 보니 우리 마음속에 세속의

물결이 물밀듯이 들어와 성령의 소욕이 충만한 것이 아니라 육체의 소욕이 가득 찬 탐심의 사람들이 되고 말았다.

'전병'은 화덕에서 구워내는 떡이다. 그러므로 뒤집어 주면서 익혀야 골고루 익는다. 만약 뒤집어 주지 않는다면 한쪽은 새까맣게 타버리고 나머지 한쪽은 익지 않는다. 그렇게 되면 그 전병은 결국 먹지 못할 떡이 되고 만다. 이처럼 북이스라엘은 한쪽은 선민으로서 하나님께 제사와 헌물을 드렸지만, 다른 한쪽으로는 합법적인 제사를 가장해서 우상 숭배의 죄악을 범했다. 그래서 한쪽은 타고, 한쪽은 익지 못해서 버릴 수밖에 없는 전병처럼 하나님께서는 이스라엘 백성을 버릴 수밖에 없었다.

우리는 하나님 앞에 드려져야 할 산 제물들이다(롬 12:1). 그러므로 한쪽은 하나님을 사랑하고, 다른 한쪽으로는 세상과 물질을 사랑하는 세속화된 신앙인은 뒤집지 않은 전병처럼 하나님 앞에 버림받을 수밖에 없다. 즉 입술로는 "주여! 주여!" 하면서도 하나님의 뜻을 행하지 못한다면, 그래서 하나님만을 사랑하지 못하고 하나님과 세상을 더불어 사랑함으로 세속화된다면, 종국에 불법을 행하는 자들로 정죄를 받고 주님으로부터 내어 침을 받을 것이다(마 7:21, 23).

이스라엘의 더 큰 비극은 백발이 얼룩얼룩하여도 자신들이 뒤집지 않은 전병과 같이 세속화된 신앙인이라는 것을 깨닫지 못했다. 백발이 얼룩얼룩하다는 것은 죽음이 가까이 왔다는 것이다. 죽음은 심판이고 파멸이다. 그런데 이스라엘은 나라의 멸망이 가깝고 심판이 다가오고 있음에도 불구하고 깨닫지를 못했던 것이다.

지금 회개치 않는 교회 세대를 향해 하나님의 심판의 칼이 마광하고 있건만 오늘 우리들은 깨닫지 못하고 있다. 아마도 백발이 얼룩얼룩해질 때까지 깨닫지 못할 것 같다. 이제 신앙의 부요한 자로 자처하지 말고 말씀의 안약을 사서 발라 보고 우리 신앙의 곤고함과 가련함과 가난함과 눈멂과 벌거벗었음을 발견해야 한다(계 3:17-18). 이것이 하나님께로 돌아가는 참된 회개이다. 이 회개를 통하지 않고 세속의 꿈과 비전을 통해 세상의 부와 성공도 쟁취하고 천국도 들어가려 하는 자는 문을 통하지 않고 담을 넘으려는 도적들이다.

11. 이스라엘 백성의 복술 신앙

"곡식과 새 포도주의 문제를 위해 기도하지 말라고 당부하셨는데도, 기어이 곡식과 새 포도주의 문제를 위해 울부짖는 것은 기도가 아니라 하나님의 명령을 거역하는 것이다. 그리고 곡식과 새 포도주를 위해 문제 해결 예수, 축복 응답 복음, 꿈꾸는 영에 아멘 하는 것은 우상 숭배의 죄악이다."

이스라엘은 하나님의 이름을 부르기는 불렀지만 성심으로 하나님을 부르지 않았고 성전에 열심히 모이기는 모였지만 하나님을 예배하기 위해 모인 것이 아니었다.

"성심으로 나를 부르지 아니하였으며 오직 침상에서 슬피 부르짖으며 곡식과 새 포도주를 인하여 모이며 나를 거역하는 도다"(호 7:14)

"성심으로 나를 부르지 않았다."는 것은 이스라엘 백성이 하나님을 찾지 않았다는 것이 아니다. 오히려 그들은 곡식과 새 포도주의 문제를 해결 받기 위해서 하나님께 열심히 부르짖었다. 심지어 하나님께 부르짖는 것으로 성이 차지 않았기 때문에 이방 제의에 참여해서 자기들의 몸을 자해하면서까지 곡식과 새 포도주를 위해 부르짖었다. 그만큼 곡식과 새 포도주에 대한 그들의 집착은 강렬했다.

하나님의 마음은 그들에게서 곡식과 새 포도주의 문제를 해결 받기 위해 부르짖는 기도를 원하셨던 것이 아니라, 그들이 하나님의 법을 지켜 행하기를 원하셨다. 그러나 그들은 하나님의 법을 지켜 행하지 못했을 뿐만 아니라 하나님의 법을 지켜 행하지 못한 죄악에 대한 철저한 회개조차도 하지 않았다. 철저한 회개가 없는 그들이 어떻게 회개에 합당한 열매를 맺고 율법의 모든 것인 인애를 결실(호 6:6)할 수 있겠는가?

그들은 오로지 곡식과 새 포도주를 위해, 즉 자기를 위해 입으로만 하나님을 가까이 하고 입술로만 하나님을 존경했다. 그러나 마음으로는 하나님을 멀리 떠나 있었다(사 29:13). 바로 이것이 하나님을 성심으로 부르지 않은 그들의 죄이다.

그들 신앙의 삶에는 자기를 위한 열심은 있었지만 하나님을 위한 열심은 없었다. 하나님을 위한 열심이 바로 성심으로 하나님을 부르는 것이다. 그들은 곡식과 새 포도주를 위해서는 습관적으로 의식을 성실히 지키고자 했다. 그래서 형식적으로는 하나님을 열심히 신앙하는 것같이 보였다. 그들은 양 떼와 소 떼를 이끌고 하나님을 찾았다(호 5:6). 그러나 그들이 아무리 하나님을 찾았다 할지라도 그들의 신앙 동기는 하나님에게 있지 않고 자기 소원에 있었기 때문에 삶의 안녕에 대한 불안이 늘 있었다. 그래서 그들은 하나님 한 분만으로 만족하지 못하고 오로지 풍요와 다산을 기원하기 위해 이방의 제의에도 참여했던 것이다.

하나님께서 마음과 성품과 힘을 다해 주 너희 하나님을 사랑하라(신 6:5)고 하셨던 것은 이스라엘 백성으로 하여금 열심으로 하나님의 법을 지켜 행하게 하기 위함이었지 곡식과 새 포도주를 얻기 위해 전전긍긍하며 부르짖게 하기 위함이 아니었다. 하나님을 사랑하는 자는 그 분의 계명을 지킨다(요 14:15, 21). 그러므로 성심으로 하나님을 부른다는 것은 마음과 성품과 힘을 다해 하나님을 사랑한다는 것이고, 결국 그 분의 모든 명령을 지켜 행하는 것이다.

결국 "성심으로 나를 부르지 않았다."는 의미는 그들에게 행함의 삶이 없었다는 것이다. 그들에게는 곡식과 새 포도주를 기원하며 제사와 번제를 드리는 형식적이고 습관적이며 이교화된 신앙은 있었지만 인애가 없었다(호 6:6). 즉 회개에 합당한 열매가 없었던 것이다. 바로 이것이 하나님을 모르는 죄악이다. 하나님을 모르는 죄악이 바로 성심으로 하나님을 부르지 않은 죄악이다.

"오직 침상에서 슬피 부르짖음"이라는 것은 그들의 부르짖음이 구원을 호소하는 부르짖음이 아니라 곤경에 처했을 때, 본능적으로 울부짖는 것을 말한다. 즉 곡식과 새 포도주가 떨어졌을 때, 먹을 것과 마실 것을 위해서 부르짖는다는 것이다. 그러므로 그들의 부르짖음은 마음과 성품과 힘을 다해 하나님을 사랑하기 위한 회개와 구원을 호소하는 부르짖음이 아니라 먹고 마시고 입고의 문제를 해결하기 위한 부르짖음이었다.

그들은 죄에 대해 탄식하고 회개하고 구원을 호소하며 하나님의 뜻대로 살아갈 수 있는 능력을 달라고 하나님을 찾은 것이 아니라, 곡식과 새 포도주의 문제, 즉 하는 일이 좀 안 된다고, 하는 일이 좀 어렵다고, 문제 해결이 좀 안 된다고, 응답을 좀 못 받는다고, 슬피 부르짖으며 기도하는 복술의 신앙인에 불과했던 것이다.

우리의 기도는 죄에 대해 탄식하고 회개하고 하나님의 뜻대로 살게 해 달라며 구원을 호소하는 기도가 되어야지 먹고 마시고 입고와 관련된 기도가 되어서는 안 된다. 그런 기도는 이방인들이 하는 것이기 때문이다(마 6:31-32).

이스라엘 백성이 가졌던 두려움은 자신들의 죄 때문이 아니라 먹고 마시고 입고와 관련된 삶의 문제 때문이었다. 이 두려움이 그들로 하여금 풍요와 다산을 위해 지성으로 제물을 바치며 제사를 드리고 기도를 할 수 있는 이방의 우상 제의에 빠지게 했다. 그것은 하나님께 아무리 곡식과 새 포도주를 위해 제사를 드려도 속 시원한 해결이 주어지지 않는 것에 대한 두려움이 너무나 컸기 때문이다.

곡식과 포도주의 풍성한 수확에 대한 그들의 갈망은 하나님 한 분만으로는 의지가 되지 않았다. 그래서 그들은 하나님도 본능적으로 습관적으로 찾았지만, 또한 풍요와 다산에 대한 욕망을 충족시키기 위해 이방의 우상을 섬김으로 삶의 두려움에 대한 안전장치를 든든하게 마련코자 했던 것이다.

오늘날도 물질 문제 해결, 사업 문제 해결, 직장 문제 해결, 결혼 문제 해결, 진학 문제 해결, 승진 문제 해결에 대한 우리의 갈망이 너무나 크다. 그래서 천하보다도 귀한 영원한 생명을 주시는 구원의 한 분 하나님만으로 만족하지 못하고 인생 문제 해결을 보장해 주는 다른 예수, 다른 복음, 다른 영에게 하나님께 드려야 할 아멘을 바친다(고후 11:2-4).

이방의 우상은 하나님이 아닌 다른 신이다. 그러므로 다른 예수와 다른 복음 다른 영을 용납하는 것은 신약의 우상숭배이다.

오늘 우리는 세속적인 목적이 조금이라도 있어야 교회에 모이기를 힘쓴다. 그래서 문제 해결 성회, 축복 응답 성회에는 그토록 열심히들 참석하는 것이다. 신앙을 회복하여 소유를 버리자, 십자가에 못 박자, 내게 있는 것으로 나누자,

정과 욕심을 죽이자고 하면 모이지 않아도, 신앙을 회복하여 문제 해결을 받고 축복 응답을 받자고 하면 신바람 나게 모인다.

문제 해결 성회, 축복 응답 성회에도 신앙을 회복하자, 못 박자, 나누자, 죽이자는 구호가 없는 것은 아니다. 그러나 신앙을 회복하자는 구호는 동일하지만 그 끝은 다르다. 하나는 자기 부인의 십자가를 지자는 것이고 다른 하나는 꿈을 이루자는 것이다. 이처럼 끝이 다른 곳에 꼬리의 역사 거짓 선지자의 역사가 있다(사 9:15). 신앙을 회복해서, 처음 사랑의 행위를 회복해서(계 2:4-5) 내 것을 내 것이라 하지 말자(행 4:32-35)고 하면 모두가 냉소를 하지만, 신앙을 회복해서 꿈을 이루자고 하면 환호하는 청중들이 구름떼같이 몰려든다.

오늘날 이와 같은 꼬리의 역사가 하늘의 별들을 땅으로 던져서 참된 복음이 희귀해졌다(계 12:4; 6:13). 오늘날 교회는 거짓 선지자들이 하늘에서 불을 끌어 내리는 이적으로 다른 예수, 다른 복음, 다른 영을 설파하는 복술의 불로 후끈 달아올라 있다. 이것은 참된 부흥의 불길이 아니라 미혹의 불길이다.

초대교회 때 성령을 받았던 사람들은 사도행전 4:32-35에 나타난 사랑의 삶으로 그 열매가 결실되었다. 그러나 오늘날 성령의 불을 받았다는 사람은 많지만 초대교회 성도들이 가졌던 사랑과 헌신의 삶의 백 분의 일이라도 실천하는 사람이 극히 드물다는 것은 그들이 받은 불이 성령의 불이 아니라 악령의 불임을 입증하는 것이다.

하나님께서 "곡식과 새 포도주"의 문제, 곧 '먹고 마시고 입고'를 위해 기도하지 말라고 당부하셨는데도, 기어이 곡식과 새 포도주의 문제를 위해 울부짖는 것은 기도가 아니라 하나님의 명령을 거역하는 것이다. 그리고 곡식과 새 포도주를 위해 문제 해결 예수, 축복 응답 복음, 꿈꾸는 영에 아멘 하는 것은 우상 숭배의 죄악이다.

우리의 삶 속에서 사도행전 4:32-35의 삶의 십 분의 일이라도 실천하는 삶은 없으면서 기도한다고 모이고, 성령의 불 받는다고 모이고, 복 받는다고 모이고, 문제 해결 받는다고 모이는 모든 예배들은 하나님을 거역하고 풍요와 다산. 즉 부요와 성공의 우상을 섬기는 모임에 불과하다.

이제 우리 모두 곡식과 새 포도주를 위해 울부짖는 기복의 불을 끄고, 성심으로 하나님을 찾아 마음과 성품과 힘을 다해 하나님을 사랑하고(요 14:15, 21) 하나님의 말씀을 지켜 행하는 참된 신앙의 사람으로 거듭나자.

12. 참된 제사와 배도

> "예수 그리스도를 믿고 의로워졌다 하면서도 자신의 물질을 하나님의 뜻대로 복음과 형제를 위해 사용하지 않는 사람은 비록 아무리 많은 예배를 참석했다 할지라도 아담처럼, 구약 이스라엘 백성처럼 사랑의 언약을 배반한 배도자이다."

하나님께서는 열심으로 제사와 번제를 드리며 당신을 예배하고 있는 이스라엘 백성을 향해 아담처럼 언약을 어긴 패역한 백성이라고 정죄하셨다.

"에브라임아 내가 네게 어떻게 하랴 유다야 내가 네게 어떻게 하랴 너희의 인애가 아침 구름이나 쉬 없어지는 이슬 같도다 그러므로 내가 선지자들로 저희를 치고 내 입의 말로 저희를 죽였노니 내 심판은 발하는 빛과 같으니라 나는 인애를 원하고 제사를 원치 아니하며 번제보다 하나님을 아는 것을 원하노라 저희는 아담처럼 언약을 어기고 거기서 내게 패역을 행하였느니라"(호 6:4-7)

여기서 "언약을 어겼다."는 것은 곧 '배도(倍道)'를 의미한다. 이스라엘 백성은 비록 하나님께 제사를 드리고, 번제를 드리고는 있었지만 그들의 삶 속에서 인애가 없었다(호 6:4). 인애가 없는 형식적이고 입술뿐인 신앙은 그들을 구원하는 신앙이 아니라 오히려 그들로 심판에 이르게 하는 배도의 죄악이다.

인애는 하나님께 대한 헌신과 형제를 향한 사랑이다. 그러므로 인애는 하나님을 아는 자만이 가질 수 있다. 제사를 드린다고, 번제를 드린다고, 예배당을 출입한다고, 기도를 한다고, 찬송을 부른다고, "주여! 주여!" 한다고 하나님을 아는 것이 아니다. 신앙의 삶 속에 마음을 다하고 목숨을 다하고 뜻을 다하여 하나님을 사랑하며 형제를 자신같이 사랑하는 인애가 넘쳐 나는 자만이 진정으로 하나님을 아는 자이다.

하나님을 사랑하는 자는 그 분의 명령대로 형제를 사랑한다(요 14:15, 21; 요 15:10, 12). 그러므로 하나님을 믿기만 하는 자가 하나님을 아는 자가 아니라 자신이 믿은 하나님의 말씀대로 행하는 자가 하나님을 사랑하는 자요, 하나님을 아는 자이다.

구약에서 율법을 아는 자는 율법의 지식을 가진 사람이 아니라 율법의 모든 것인 사랑을 실천하는 자이다. 그것은 온 율법과 선지자의 강령이 사랑이며 사랑 안에서 율법은 완성되기 때문이다(마 22:37-40; 롬 13:8-10).

사도 요한은 다음과 같이 사랑의 대 헌장을 선언했다.

"누구든지 하나님을 사랑하노라 하고 그 형제를 미워하면 이는 거짓말하는 자니 보는바 그 형제를 사랑치 아니하는 자가 보지 못하는바 하나님을 사랑할 수가 없느니라 우리가 이 계명을 주께 받았나니 하나님을 사랑하는 자는 또한 그 형제를 사랑할지니라"(요일 4:20-21)

이 사랑은 말과 혀로만 사랑하는 사변적인 사랑이 아니라 자기가 가진 재물을 나누어 줄 수 있는 행동하는 사랑이다(약 2:14-17; 요일 3:16-18). 믿음을 온전하게 하는 행함(약 2:22)의 모든 것은 사랑의 삶 안에서 성취된다. 그러므로 초대교회 성도들은 핍절한 형제의 구제를 위해 자기 재물을 자기 것이라 하지 않고 나누었으며(행 4:32-35), 극한 가난과 모진 핍박 가운데서도 있는 힘을 다해 힘에 지나도록 풍성한 연보를 했던 것이다(고후 8:1-5). 주님께서 명하신 사랑의 삶은 부자 되고 성공하고 꿈을 이루어서 실천하는 것이 아니다.

"하나님! 하나님!" 하는 구약 이스라엘 백성이 아무리 번제를 드리고 제사를 드려도 그들의 삶 속에 인애, 즉 율법의 모든 것인 하나님을 사랑함과 형제를 사랑함이 없다면 그들은 아담처럼 언약을 어긴 배도한 신앙인이다. 결국 율법의 지식은 가지고 있으면서, 율법의 의식은 준수하면서 율법의 본질대로 사랑하지 않는다면 그 신앙의 삶은 바로 배도의 삶이다.

아무리 "주여! 주여!" 하며 예배를 드려도 주님의 사랑의 계명(요 15:10, 11)대로, 그 분의 목숨 버리신 사랑의 삶(요일 3:16-18)을 실천하지 않고 있다면, 우리 신앙의 삶 또한 아담처럼, 구약 이스라엘 백성처럼 말씀대로 살지 않는 불순종의 삶이며, 언약을 어긴 배도의 삶이다. 삶이 없는 예배 행위는 하나님과 상관이 없다.

내 것을 내 것이라 하지 않고 필요를 따라 나누어 쓰며(행 4:32-35) 극한 가난과 모진 핍박 속에서도 힘대로 나누었던(고후 8:1-5) 처음 사랑의 행위가 식어진 정도가 아니라 아예 잃어버렸으면서도 입으로만 "주여! 주여!" 하며 자기 인생의 꿈과 비전이나 디자인하는 오늘 신앙의 세대가 바로 아담처럼, 구약 이스라엘 백성처럼 언약을 어기고 패역한 배도의 세대이다.

배도한 이스라엘 백성에게 하나님의 심판이 임하여 왔다.

"나팔을 네 입에 댈지어다 대적이 독수리처럼 여호와의 집 에 덮치리니 이는 무리가 내 언약을 어기며 내 율법을 범함이 로다 저희가 장차 내게 부르짖기를 나의 하나님이여 우리 이

스라엘이 주를 아나이다 하리라 이스라엘이 이미 선을 싫어
버렸으니 대적이 저를 따를 것이라"(호 8:1-3)

이스라엘 백성이 언약을 어겼다는 것은 그들이 율법의 지
식을 가지지 않았거나 율법의 의식을 지키지 않았다는 것이
아니라, 율법의 모든 명령대로 사랑(안식년법, 희년법)하지
않았다는 것이다.

그들의 사랑의 행위는 기껏해야 아침 구름이나 쉬 없어지
는 이슬처럼(호 6:4) 보잘것없는 것이었다. 500억 짜리 예
배당 건물을 지으면서 겨우 쌀 1만 포대를 달동네 돌리고서
는 율법의 모든 강령인 예수 그리스도의 사랑의 계명을 실
천한 것처럼 선전하는 하찮은 수준의 자선 행위였다. 그러
면서도 이스라엘 백성은 하나님을 안다고 했다. 그들에게
지식과 제사의 삶은 있었지만 율법의 본질대로, 죄인을 위
해 목숨 버리신 예수 그리스도의 명령대로 사랑하는 행함의
삶이 없었다. 그래서 하나님께서는 선지자들을 통해 정죄하
시고 심판을 선고하셨던 것이다(호 6:5).

마지막 날에 교회 세대 또한 예수 그리스도를 안다고 말
할 것이다. 그래서 주님의 주리신 것, 나그네 되신 것, 병드
신 것, 옥에 갇히신 것을 공양했다고 할 것이다(마 25:44).
즉 그럭저럭 예수 그리스도 이름으로 신앙생활을 하고, 예
배생활을 하고, 어느 정도의 선행도 했다고 주장할 것이다.

그러나 그들의 사랑의 삶이 지극히 작은 자 하나에게까지 미칠 정도(마 25:45)로 철저하지 못한 것 때문에, 즉 사도행전 4:32-35, 고린도후서 8:1-5과 같은 처음 사랑의 행위가 없는 것으로 인해 마귀와 그의 사자들을 위해 예비된 영영한 불에 들어가게 될 것이다(마 25:41).

요한계시록의 편지는 분명히 에베소 교회의 죽을 죄악은 처음 사랑의 행위를 버린 것이고(계 2:4-5), 사데 교회의 죽을 죄악은 행위의 온전한 것이 없이 살았다 하는 이름만 가진 것이고(계 3:1-5), 라오디게아 교회의 죽을 죄악은 차지도 덥지도 않는 미지근한 신앙이었다(계 3:16). 그리고 보면 에베소 교회, 사데 교회, 라오디게아 교회 모두가 다 "주여! 주여!"는 하고 있지만 문제는 하나님의 뜻대로 행하지 못하는 데 있다.

여기서 미지근한 신앙은 예수 그리스도를 아는 지식을 가지지 않았거나 새벽 예배, 철야 예배를 열심히 참석하지 않는 것이 아니다. 처음 사랑의 행위가 식어진 상태가 미지근한 신앙이다. 그런데 오늘날 교회 세대는 초대교회와 같은 처음 사랑의 행위에서 너무나 멀리 떠나 있다. 오늘날 교인들은 예배당은 열심히 출입하면서 믿음의 꿈, 믿음의 비전은 남발한다. 그래서 그들의 모든 언행에 '믿음'이라는 단어가 들어가지 않는 곳이 없다. 그러나 그들에게 초대교회와 같은 처음사랑의 행위는 없다. 바로 이것이 처음 사랑의 행위가 식어진 미지근한 신앙의 현주소이다.

그러면서 오늘날 신앙인들은 처음 사랑의 행위를 잃어버린 것과 이름뿐인 신앙인으로, 미지근한 신앙으로 살아가고 있는 것은 두려워하지 않으면서도 돈 없이 가난하게 살고, 인생의 꿈을 이루지 못하는 것은 얼마나 두려워하는지 모른다. 결국 그 사람은 하나님보다도 물질을 더 두려워하는 사람이고, 하나님보다 물질을 더 우선시 하는 신약의 우상 숭배자이다.

오늘날 많은 신앙인이 낙원의 생명나무 과실을 먹기 위해(계 2:7), 자기 이름을 생명책에서 흐리지 않게 하기 위해(계 3:5), 예수 그리스도와 함께 보좌에 앉기(계 3:21)를 힘쓰지는 않으면서도, 큰 차 타고 큰 집 살기 위해, 자식에게 더 많은 유산을 물려 주기 위해 얼마나 많은 땀과 눈물을 흘리는가?

오늘날 "주여! 주여!" 하는 신앙인이 범하고 있는 무서운 죄악은 예배당을 열심히 출입하지 않는 것이 아니라 자기 재물을 하나님의 뜻대로 사용하지 않고 자신과 처자를 위해 쓰고 있는 것이다. 이들은 약간의 십일조와 감사헌금을 하고 난 나머지의 물질로 자기의 재산을 증식하는 데 노심초사하며 이와 같은 고민을 믿음의 꿈과 긍정의 힘으로 위로받으며, 자식들에게 그 재산을 물려 주기에 급급하다. 그것도 모자라 자기가 믿음이라고 착각했던 세속의 꿈까지 물려 주고 있다.

시편 기자는 이 밤이 지난 후에 주의 형상으로 만족하기를 갈망했다.

> "여호와여 금생에서 저희 분깃을 받은 세상 사람에게서 나를 주의 손으로 구하소서 그는 주의 재물로 배를 채우심을 입고 자녀로 만족하고 그 남은 산업을 그 어린아이들에게 유전하는 자니이다 나는 의로운 중에 주의 얼굴을 보리니 깰 때에 주의 형상으로 만족하리이다"(시 17: 14-15)

과연 우리는 무엇을 갈망하며 살아가고 있는가? 금생의 분깃을 갈망하며 살아가고 있는가? 주님의 재물로 배를 채우심을 입었으면서도 자녀로 만족하며 그 자녀에게 남은 산업을 유전하기를 갈망하며 살아가고 있는가?

오늘 우리가 자식에게 물려 주었던 재산들은 우리 것이 아니라 하나님의 것이며 우리는 그 재물을 하나님으로 부터 위탁받은 청지기에 불과하다. 따라서 우리가 자손에게 물려 주었던 그 많은 재산은 복음과 형제를 위해 사용되어야 했다. 따라서 우리가 아무리 일평생 "주여! 주여!" 했다 할지라도 청지기 사무를 잘 감당하지 못한다면, 그래서 내게 있는 모든 것을 하나님의 뜻대로 사용하지 않는다면 주인이신 하나님께서 이 땅에 다시 오실 때, 우리는 불의한 청지기로 정죄 받을 것이다.

예수 그리스도를 믿고 의로워졌다 하면서도 하나님의 뜻
대로 자신의 물질을 복음과 형제를 위해 사용하지 않는 사
람은 비록, 아무리 많은 예배를 참석했다 할지라도 아담처
럼, 구약 이스라엘 백성처럼 사랑의 언약을 배반한 배도자
이다.

13. 백성들의 올무가 된 거짓 선지자들

"거짓 선지자들은 참선지자들이 선포하는 심판 경고를 자신들이 가진 헛된 평강 타령의 교훈으로 무력하게 했다. 그리고 백성 또한 거짓 선지자들의 평강 타령의 교훈에 익숙해져서 참선지자들의 심판 경고를 듣지 않음으로 결과적으로 이들역시 하나님의 선지자들을 적대시하는 자들, 곧 하나님께 대해 원한을 품은 자들이 되었다."

호세아 선지자는 북이스라엘 백성에게 다가올 위기, 즉 하나님의 심판을 경고했지만 그들은 듣지 않았다. 그것은 그들을 그릇된 신앙의 길로 인도하고 있던 평강 타령하는 어리석은 선지자들, 곧 거짓 선지자들 때문이었다.

"형벌의 날이 이르렀고 보응의 날이 임한 것을 이스라엘이 알지라 선지자가 어리석었고 신에 감동하는 자가 미쳤나니 이는 네 죄악이 많고 네 원한이 큼이니라 에브라임은 내 하나님 의 파수꾼이어늘 선지자는 그 모든 행위에 새 잡는 자의 그물

같고 또 그 하나님의 전에서 원한을 품었도다"(호 9:7-8)

"선지자가 어리석었고 신에 감동한 자가 미쳤다."는 것은 선지자들이 거짓 교훈으로 백성을 잘못 인도하는 것을 책망하시는 말씀이다. 선지자들의 모든 행위가 새 잡는 자의 그물같이 백성을 실족시켰다.

"원한"이라고 하는 것은 하나님을 적대시하는 태도이다. 당시 많은 거짓 선지자가 하나님의 말씀을 가지고 그들을 책망하는 참선지자들을 엄청나게 적대시했다. 이와 같은 그들의 태도는 결국 사람에 대한 원한이 아니라 하나님에 대한 원한이 되었다.

그들은 참선지자들이 선포하는 심판 경고를 자신들이 가진 헛된 평강 타령의 교훈으로 무력하게 했다. 그리고 백성 또한 거짓 선지자들의 평강 타령의 교훈에 익숙해져서 참선지자들의 심판 경고를 듣지 않음으로 결과가으로 하나님의 선지자들을 적대시하는 자들, 곧 하나님께 대하여 원한을 품은 자들이 되었다.

먼 훗날 예레미야 선지자는 이들의 신앙 행태를 다음과 같이 책망했다.

"내가 누구에게 말하며 누구에게 경책하여 듣게 할꼬 보라
그 귀가 할례를 받지 못하였으므로 듣지 못하는도다 보라 여

호와의 말씀을 그들이 자기에게 욕으로 여기고 이를 즐겨 아
니하니"(렘 6:10)

이스라엘 백성 가운데 있었던 거짓 선지자들의 설교의 핵
심 주제는 할례받은 아브라함 자손은 무조건 구원받았고,
잘될 특권이 있고, 잘살 특권이 있다는 것이었다. 이들의 가
르침에 익숙해진 당대의 이스라엘 백성은 회개에 합당한 열
매 맺기를 힘쓰는 신앙을 포기하고 오로지 밭농사와 목축업
의 풍요와 번영을 꿈으로 먹으며 긍정적 신념을 불태웠다.
그들 신앙의 목적은 회개에 합당한 열매 맺는 삶이 아니라
풍요와 다산이었다.

구약에서 참선지자들을 통한 회개를 촉구하는 말씀은 듣
지 않으면서 거짓 선지자들의 평강 타령하는 교훈에 자신들
의 영혼을 던졌던 어리석은 이스라엘 백성의 신앙 행태는
말세에도 동일하게 재현될 것이다.

사도 바울은 다음과 같이 경고했다.

"때가 이르리니 사람이 바른 교훈을 받지 아니하며 귀가 가
려워서 자기의 사욕을 좇을 스승을 많이 두고 또 그 귀를 진리
에서 돌이켜 허탄한 이야기를 좇으리라"(딤후 4:3-4)

백성이 소원하는 '사욕의 꿈'을 구원받을 '긍정의 믿음'으

로 덧칠해 주는 오늘날의 평강 타령하는 거짓 목회자들, 바로 이들의 교훈이 백성의 영혼을 사로잡는 "새의 그물"(호 9:8)이다. 그리고 이들과 이들의 교훈에 익숙해진 교인들이 회개에 합당한 열매 맺는 삶을 촉구하는 성령이 교회들에게 하시는 말씀(계 2:5, 7, 11, 16-17, 22, 29; 3:3, 6, 13, 16, 22)을 듣지 않으려는 무관심이 바로 '하나님께 원한을 품는 행위'가 됨을 명심해야 한다. 곧 하나님의 심판의 경고를 무시하는 것이 곧 하나님을 적대시하는 것이며, 하나님의 전에서 원한을 품는 것이다.

구약에서 하나님께 원한을 품은 사람은 풍요와 다산의 꿈을 가지고 다른 신인 우상과 하나님을 더불어 섬기면서 회개를 촉구하는 참선지자들의 말씀을 배척했던 이스라엘 백성과 그들의 선지자들이었듯이, 오늘날 교회 세대 역시 다른 예수, 다른 복음, 다른 영을 잘도 용납(고후 11:2-4)하면서 풍요와 다산의 꿈을 긍정으로 시인하며 "하나님! 하나님!" 하는 신앙인들, 그리고 그들에게 꿈과 긍정적 사고라는 다른 복음을 연일 퍼먹이는 평강 타령하는 거짓 목회자들이 하나님께 원한을 품은 자들이다. 이들은 하나같이 성령이 교회들에게 하시는 말씀인 회개에 합당한 열매를 맺지 못하는 삶에 대한 심판의 경고를 무시한다.

오늘날도 하나님의 신으로 말미암은 참된 말씀, 즉 성령이 교회들에게 하시는 회개 촉구의 말씀은 처음 사랑을 잃어버린 교인들을 향해, 다른 예수 다른 복음 다른 영을 용납하고 있는 교인들을 향해, 합당한 행위는 없으면서 그리스도인이라는 이름만을 가진 교인들을 향해, 차지도 덥지도 않은 미지근한 교인들을 향해, "회개하라! 그렇지 않으면 촛대를 옮기겠다(계 2:5). 회개하라! 그렇지 않으면 내 입의 검으로 멸하겠다(계 2:16). 회개하라! 그렇지 않으면 사망으로 다스리겠다(계 2:23). 회개하라! 그렇지 않으면 네게 도적같이 임하겠다(계 3:3). 회개하라! 그렇지 않으면 내 입에서 토하여 내치겠다(계 3:16)."라고 선포하고 있다.

그러나 거짓 선지자들의 평강 타령, 축복 타령에 도취된 교인들은, 성령이 교회들에게 하시는 말씀을 즐겨 듣지 않고 오히려 욕(렘 6:10)으로 여긴다. 하나님께서는 이런 신앙의 행태를 '당신을 적대시하는 행동'이라고 정죄하신다. 즉 '하나님의 전에서 원한을 품었다.'는 것이다.

우리가 하나님의 교회에서 문제 해결, 축복 응답, 꿈, 긍정적 사고, 성공, 형통, 물질 복과 같은 다른 예수, 다른 복음 다른 영에 미혹되어 회개를 촉구하고 심판을 경고하는 성령이 교회들에게 하시는 참복음의 말씀(계 2:5, 7, 11, 16-17, 22, 29; 3:3, 6, 13, 16, 22)을 들으려 하지 않는다면 바로 이것이 귀가 할례를 받지 못한 강퍅이고, 하나님의 말씀에 대한 거역이다. 또한 우리들을 일깨워 살게 하시려는 하나님의 선하신 뜻을 적대시하는 행위이고 하나님의 전에서 원한을 품은 패역이다.

요한계시록 2장과 3장에서 성령이 교회들에게 하시는 말씀은, 교회 가운데서 처음 사랑의 행위를 회복하지 못하는 자, 잘못된 교훈을 용납하는 자, 거짓 선지자를 용납하는 자, 행위의 온전함이 없는 자, 행위가 차지도 뜨겁지도 않은 미지근한 자는 결단코 천국가지 못한다고 경고하고 있다. 그러므로 신앙인이 배워야 하는 것은 회복해야 할 처음 사랑이 무엇인가, 용납하지 말아야 할 잘못된 교훈은 무엇인가, 상종치 말아야 할 거짓 선지자는 누구인가, 미지근하면서도 스스로 부요한 신앙의 상태가 무엇인가, 그리고 사서 입어야 할 흰 옷은 무엇인가, 사서 구비해야 할 불로 연단한 금은 무엇인가, 보기 위해서 눈에 발라야 할 안약이 무엇인가이다. 그러나 오늘 교회는 모두 다 하나같이 오로지 문제 해결과 축복 응답, 성도의 권세, 성공, 형통, 역전 인생, 물질 복, 꿈, 긍정적 사고 등 바라보지 말아야 할 땅에 것을 쳐다보게 하는 헛된 교훈을 가르치고 배우느라 여념이 없다.

설령 교회가 환난과 궁핍 가운데서 믿음의 부요를 지켜내었다 할지라도(계 2:9) 그들이 들어야 할 성령이 교회들에게 하시는 말씀은 그동안 믿음 지킨다고 고생했으니 이제부터는 성도의 권세를 활용해서 물질 복을 받고, 꿈을 이루라는 것이 아니라, 고난 가운데서 더욱더 죽도록 충성하라(계 2:10)는 것이다. 그리고 설령 교회가 적은 능력 가운데서도 큰일을 했다고 주님으로부터 칭찬을 받고 있다고 할지라도(계 3:8), 그들이 들어야 할 성령이 교회들에게 하시는 말씀은 그동안 주의 일 한다고 수고했으니 이제부터는 남은 인생에서 축복 응답을 받고 영향력 있는 인생이 되고 믿음의 명문가를 이루라는 것이 아니라 적은 능력 가운데서라도 더욱더 헌신과 충성을 굳게 하라는 것이다(계 3:11).

그러므로 설교하는 모든 목사들은 처음부터 끝까지 한결같이 교인들에게 더욱더 죽도록 충성할 것과, 더욱더 굳게 할 것을 명령해야지 그 어떠한 경우에도 문제 해결과 축복 응답, 성도의 권세, 성공, 형통, 역전 인생, 물질 복, 꿈, 긍정적 사고를 주제로 설교해서는 안 된다. 그러나 오늘날 대부분의 목사들은 죽도록 충성도 못하고 더욱더 굳게 할 것도 없는 교인들을 향해 일 년 내내 문제 해결과 축복 응답, 성도의 권세, 성공, 형통, 역전 인생, 물질 복, 꿈, 긍정적 사고를 주제로 설교한다.

물론, 말이야 항상 설교 중간 중간에 죽도록 충성하자고 외치지만 그것이 설교의 핵심 주제가 아니기 때문에 교인들은 초대교회 성도들의 사랑의 삶(행 4:32-35; 고후 8:1-5)의 끝자락도 따라가지 못하면서 심지어 철저한 십일조조차도 하지 못하면서 더 큰 문제 해결의 꿈, 더 큰 축복 응답의 꿈은 열심히 디자인하고 있다. 그래서 처자와 모든 소유에 대해 자기를 부인하는 십자가를 지라(눅 14:26-27, 33)는 하나님의 말씀은 순종하지 못하면서 "꿈을 가지라.""긍정적으로 생각하고 행하라."는 거짓 목사의 말은 열심히 순종한다. 바로 이것이 거짓 선지자들, 즉 새 잡는 자의 헛된 교훈의 그물에 걸려 있는 어리석은 교인들의 신앙의 현주소이다.

14. 두 마음을 가진 자에게 결실되는 무성한 포도나무 열매

"구약 이스라엘 백성이 두 주인을 섬기는 두 마음을 가진 죄 가운데 있으면서도 외적으로는 무성한 포도나무 열매가 결실되었다. 오늘날도 두 마음을 가진 죄 가운데 있는 많은 신앙인이 잘되고, 부자 되고, 성공하는 경우가 허다하다. 그러나 그와 같은 삶의 풍요가 세상적인 기준에서는 무성한 포도나무 열매일지라도 하나님 보시기에는 공허한 것이다."

이스라엘의 패역을 가슴 아파하시는 하나님께서 이스라엘과의 과거를 회상하신다.

"옛적에 내가 이스라엘 만나기를 광야에서 포도를 만남같이 하였으며 너희 열조 보기를 무화과나무에서 처음 맺힌 첫 열매를 봄같이 하였거늘 저희가 바알브올에 가서 부끄러운 우상에게 몸을 드림으로 저희의 사랑하는 우상같이 가증하여졌도다"(호 9:10)

과거 이스라엘은 하나님의 위대한 사랑을 받았다. 하나님께서는 그들을 사랑하시기를 지친 나그네가 광야에서 포도를 만남같이 수확을 기다리는 농부가 무화과나무에서 결실된 첫 열매를 봄같이 하셨다. 그러나 하나님의 위대한 사랑에 대한 이스라엘의 반응은 너무나 참담한 것이었다. 그들은 위대한 하나님의 사랑을 외면하고 바알브올을 숭배함으로 우상에게 자기의 몸을 바치는 음녀가 되었다.

구약에서는 하나님과 우상을 겸하여 섬기거나 사랑하는 행위가 금지되었다. 그리고 신약에서는 하나님과 재물을 겸하여 섬기거나 사랑하는 것이 금지되어 있다(마 6:24). 물론, 구약 당시에는 세상 모든 사람이 우상 숭배를 했기 때문에, 이스라엘 백성이 하나님을 신앙하지 않는 것도 아니고 하나님을 신앙하면서 우상을 섬기는 것이 세상적인 가치 기준에서 본다면 심각한 죄가 아니었다. 그러나 하나님 앞에서는 하나님과 우상을 겸하여 섬기는 행위가 심각하고 엄청난 죄악이었다.

오늘날은 돈이 모든 것을 해결해 주는 사회 구조 속에서 돈 없이는 살 수 없다. 그래서 예수를 믿건 믿지 않건 세상 모든 사람은 돈에 애착을 가질 수밖에 없다. 그래서 신앙인이 예수 그리스도를 믿지 않는 것도 아니고, 예수 그리스도를 믿으면서 또한 돈에 대해 애착을 가지는 것이 세상적인 가치 기준에서 본다면 심각한 죄가 아니지만 "부모와 처자와 소유에 대해 자기를 부인하는 십자가를 지고 모든 소유를 버리라"(눅 14:26-27, 33)는 예수 그리스도의 가르침 앞에서는 심각하고 엄청난 죄악임을 명심해야 한다.

이 사실을 유념하지 않는 한, 우상 숭배 죄악 때문에 멸망한 구약 이스라엘의 비극적 말로는 그야말로 신약의 우리와 전혀 상관이 없는 단순한 역사 기록이 된다. 그리고 구약 성경과 신약 성경은 단절된다.

사도 바울은 구약 성경과 신약 성경이 단절될 수 없음을 다음과 같이 강조하고 있다.

"저희에게 당한 이런 일이 거울이 되고 또한 말세를 만난
우리의 경계로 기록하였느니라"(고전 10:11)

그러므로 하나님을 신앙하면서도 우상을 겸하여 숭배했던 구약 이스라엘의 멸망은 장차 예수 그리스도를 신앙하면서도 재물을 더불어 사랑하는 신약 교회 시대의 멸망을 예언하는 것이다. 그래서 "인자가 다시 올 때에 믿음을 보겠느냐" 하는 교회 세대에 한밤중에 홀연히 도적이 임함같이 심판의 주님이 임하실 때, 예수 그리스도를 믿는다고 하면서 하나님의 뜻대로 물질을 사용하지 않고 입술로 "주여! 주여!" 하는 신약의 우상 숭배자들은 반드시 멸망할 것이다.

우상 숭배의 죄를 지은 이스라엘을 향해 철저한 파멸을

예언하는 구약 선지서의 말씀을 오늘 우리 교회 세대를 향한 살아 있는 하나님의 음성으로 듣기 위해서는 구약 이스라엘이 섬겼던 우상과 신약의 우리가 그토록 집착하는 물질을 동일선상의 죄악에 두어야 한다. 그렇지 않으면 구약 39권의 말씀은 허공의 메아리가 될 수밖에 없다.

구약 이스라엘 백성은 바알 우상에게 그들의 몸을 드렸다고 하나님으로부터 정죄 받았다. 하나님께서는 이스라엘 백성의 바알 숭배의 죄를 부부 간의 관계로 비유해서 책망하셨다. 구약 이스라엘의 바알 숭배는 남편의 사랑을 배반하고 다른 남자에게로 가서 간음한 배신의 행위로 책망받았다. 그러므로 구약 이스라엘 백성의 우상 숭배가 신앙의 간음이었다면 마찬가지로 오늘날 신앙인들이 물질 문제에 집착하는 죄 또한 신앙의 간음이 된다.

> "한 사람이 두 주인을 섬기지 못할 것이니 혹 이를 미워하며 저를 사랑하거나 혹 이를 중히 여기며 저를 경히 여김이라 너희가 하나님과 재물을 겸하여 섬기지 못하느니라"(마 6:24)

오늘날 "주여! 주여!" 하는 교인들이 하나님을 섬기지 않는 것이 아니다. 그러나 하나님과 더불어 재물에 집착함으로 물질을 하나님의 뜻대로 사용하지 않는 것이 곧 두 남자를 사랑한 신앙의 간음이 된다. 사정이 이러함에도 교인들

을 가르치는 많은 목사의 교훈들은 하나같이 예수 그리스도
의 십자가를 물질 복과 문제 해결을 위한 도구로 전락시키
고 있다.

두 주인을 섬긴 죄는 두 마음을 품은 죄이다.

> "이스라엘은 열매 맺는 무성한 포도나무라 그 열매가 많을
> 수록 제단을 많게 하며 그 땅이 아름다울수록 주상을 아름답
> 게 하도다 저희가 두 마음을 품었으니 이제 죄를 받을 것이라
> 하나님이 그 제단을 쳐서 깨치시며 그 주상을 헐으시리라"(호
> 10:1-2)

이스라엘이 하나님도 섬기며 우상을 숭배한 것은 두 주인
을 섬긴 죄이다. 그리고 두 주인을 섬기는 이스라엘의 우상
숭배는 두 마음을 품은 죄이다.

호세아 10:1에서 이스라엘은 열매 맺는 무성한 포도나무
라고 했는데 원문에서는 "이스라엘"과 "열매 맺는" 사이에
"자기를 위하여"라는 말이 첨가되어 있다.

결국 이스라엘은 자기를 위해 열매 맺는 무성한 포도나무
에 불과하다는 것이다. 그들은 하나님의 나라와 의를 위해
서 신앙하지 않고 자기를 위해 신앙했다. 그들의 발전과 번
영과 풍요는 하나님의 나라와 의를 위한 것이 아니라 자기
들의 배를 채우기 위한 것이었고 자기들의 인생 목적을 달

성하기 위한 것이었다.

과연 오늘 우리가 맺고 있는 신앙의 결실이 하나님의 영광을 위한 열매들인지 아니면 자기 자신의 영광을 위한 열매들인지 생각해 보아야 한다. 자기 것을 자기 것이라 하지 않고 하나님의 것이라 하는 사람들은 반드시 자신에게 맡겨진 것을 하나님의 뜻대로 모두 사용해야 한다.

하나님을 전혀 모르는 사람들도 이 세상에서 얼마든지 잘되고 부자 되고 성공하기 때문에 당연히 두 마음을 가지고 두 주인을 섬기는 이름뿐인 신앙인들도 이 세상에서 얼마든지 잘되고 부자 되고 성공할 수 있다. 단, 차이가 있다면 하나님을 모르는 사람들은 자기가 잘되고 부자 되고 성공한 것을 하나님의 은혜이고 하나님의 영광이라고 말하지 않지만, 두 주인을 섬기는 두 마음을 가진 자들은 자기가 잘되고 부자 되고 성공한 것이 하나님의 은혜이고 하나님의 영광이라고 말하는 차이점이 있을 뿐이다.

그러나 두 마음을 가진 신앙인들은 잘된 것, 부자 된 것, 성공한 것이 하나님의 은혜, 하나님의 영광이라고 말은 하지만 잘된 것, 부자 된 것, 성공한 것을 하나님의 뜻대로 완전하게 사용하지 못한다. 그래서 자기 배를 채우기 위해 더 사용하고, 자기 지경을 넓히기 위해 더 사용하고, 자기 미래를 설계하기 위해 더 사용하고, 자기 처자를 부양하기 위해 더 사용하고, 자기 필요를 충족시키기 위해 더 사용하고, 자기 목적을 성취하기 위해 더 사용하고, 자기 체면을 세우기 위해 더 사용하고, 자기 자랑을 위해 더 사용한다. 그러므로 예수를 믿는 사람들 가운데 아무리 잘되고 부자 되고 성공한 사람이라 할지라도 그들에게서 초대교회 성도들과 같은 엄청난 사랑의 실천적 행위(행 4:32-35)를 찾아볼 수 없는 것이다. 그것은 그들이 하나님과 자기 재물을 더불어 사랑하는 두 마음을 가지고 있기 때문이다.

초대교회 성도들이 실천했던 사랑의 삶(행 4:32-35)은 그들만 명령 받은 것이 아니라 예수 그리스도를 사랑한다고 입으로 시인하는 모든 교인들이 명령 받은 것이다(요 14:15; 15:10, 12-13). 초대교회 공동체에는 자기 재물을 조금이라도 자기 것이라 하는 이가 없었다. 그래서 그중에 핍절한 사람이 없었다. 이 같은 사랑의 삶이 마음과 뜻과 성품과 힘과 목숨을 다해 하나님을 사랑하는 성도의 삶이고 부모와 처자와 소유를 버리고 주님을 좇는 참된 제자의 삶이다.

주께서 명령하신 사랑의 계명은 형제를 위해 목숨까지 버릴 수 있어야 하는 사랑인데, 자기가 가진 물질을 자기 것이라 하지 않으며 형제를 위해 나눌 수 없다면 그 물질은 축복이 아니라 저주이다. 하나님의 뜻대로 물질을 사용하지 않는 사람은 하나님과 물질을 더불어 사랑하는 두 마음을 가진 신약의 우상 숭배자이다. 이들이 가진 물질 축복은 하나님 보시기에 전혀 의미가 없는 무성한 포도나무 열매(호 10:1)이다.

호세아서 10:1에서 "무성하다"의 히브리 원어의 의미는 '비우다' '공허하다'는 뜻이다. 하나님과 우상을 더불어 사랑하는 이스라엘의 포도나무 열매가 하나님 앞에 공허한 것이었다면, 오늘 우리가 하나님의 뜻대로 사용하지 않는 물질 또한 하나님 앞에 공허한 것이다.

이스라엘 백성은 물질적 부를 가지고 많은 이방 신의 제단을 쌓았다. 오늘날도 하나님의 뜻대로 물질을 사용하지 않는 많은 사람이 그 물질을 가지고 가난한 교인, 가난한 교회, 가난한 선교사를 돕기 보다는 더 큰 집을 사기 위해, 더 큰 차를 사기 위해, 더 고급스런 가구를 사기 위해, 더 많은 과외를 시키기 위해, 더 많은 혼수 장만을 위해, 더 화려한 집 단장을 위해 아낌없이 쓴다. 이처럼 하나님의 뜻대로 사용하지 않고 자기의 사욕을 채우기 위해 자기 것인 양 사용하는 많은 물질은 하나님 보시기에 공허한 것이다.

이스라엘 백성이 "두 마음을 품었다"(호 10:2)는 것은 그들이 하나님과 우상을 더불어 섬기고 사랑했다는 것이다. 한 여인이 두 남편을 동시에 섬기고 사랑할 수 없듯이, 한 사람이 두 주인을 동시에 섬길 수 없다. 그러므로 주님께서는 부모와 처자와 소유를 당신보다 더 사랑하지 말 것을 명령(눅 14:26-27)하셨고, 나아가서 모든 소유를 버리지 않으면 능히 당신의 제자가 되지 못한다고(눅 14:33) 하셨던 것이다.

구약 이스라엘이 범한 죄악의 본질은 그들이 하나님을 섬기지 않았거나 성전을 출입하지 않았던 것이 아니라 하나님도 섬기고 우상도 섬기며, 성전도 출입하고 우상의 산당도 출입한 것이다. 마찬가지로 신약의 우리가 범하는 본질적인 죄악은 하나님을 섬기지 않거나 예배당 출입을 하지 않는 것이 아니라, 하나님의 말씀에 순종하는 삶을 살기 보다는 이 땅에서 잘되고 부자 되고 성공하는 데 더 많은 열정을 쏟고 또한 사회 활동을 통해 소유하게 된 물질을 자기 소욕대로 사용하고 하나님의 뜻대로 사용하지 않은 것이다.

구약 이스라엘 백성이 두 주인을 섬기는 두 마음을 가진 죄 가운데 있으면서도 그들의 삶에는 외적으로 무성한 포도나무 열매가 결실되었다. 오늘날도 두 마음을 가진 죄 가운데 있는 많은 신앙인들이 잘되고, 부자 되고, 성공하는 경우가 허다하다. 그러나 그와 같은 삶의 풍요가 세상적인 기준에서는 무성한 포도나무 열매일지라도 하나님 보시기에는 공허한 것이다. 이유는 그들의 포도나무 열매가 지나가는 고아와 과부와 나그네, 그리고 지극히 작은 자가 먹을 열매들이 아니라 자기와 처자와 손자와 손녀만이 먹을 열매들이기 때문이다.

심각한 것은 구약 이스라엘이나 신약 교회나 모두가 한결

같이 자신들이 두 마음을 가진 행음의 신앙인임을 자각하지 못하고, 인정하지 않고, 회개하지 않는다는 것이다. 그들은 하나같이 하나님의 뜻을 행하지 않고 "주여! 주여!"만 해도 천국 가는 것으로 착각들을 하고 있다.

"주여! 주여!" 하는 교인이 하나님과 재물을 더불어 섬기지 않는 것을 증명할 수 있는 오직 하나의 방법은 재물을 하나님의 뜻대로 사용하는 것이다. 곧 선한 청지기의 직무를 잘 감당하는 것이다. 그러므로 하나님으로부터 받은 달란트를 지금 당장 가난한 교인과, 가난한 교회와 오지에 있는 가난한 선교사와 복음 전파를 위해 사용해야 한다. 그렇게 하지 않는다면 신약의 우상 숭배자가 된다.

15. 하나님의 심판의 영원한 비밀

"아담이 소유했던 가장 큰 복은 하나님께서 그들에게 주신 선악과 명령을 지켜 행함으로 하나님과의 교제를 유지하는 것이었듯이 구약 이스라엘이 소유해야 하는 가장 큰 복 또한 하나님께서 그들에게 주신 율법을 지켜 행함으로 하나님과의 교제를 유지하는 것이다. 따라서 오늘 우리가 소유해야 하는 가장 큰 복 또한 꿈과 영향력과 문제 해결과 축복 응답이 아니라 하나님께서 우리에게 주신 계명을 지켜 행함으로 포도나무이신 예수 그리스도의 사랑 안에 영원히 거하는 것이다."

하나님께서는 호세아 선지자를 통해 이스라엘의 피할 수 없는 명백한 심판을 예언하신다.

"이스라엘의 죄 된 아웬의 산당은 파괴되어 가시와 찔레가 그 단 위에 날 것이니 그 때에 저희가 산더러 우리를 가리우라 할 것이요 작은 산더러 우리 위에 무너지라 하리라"(호 10:8)

"죄 된 아웬의 산당"은 벧엘의 산당을 의미한다. 이 산당이야말로 백성들이 죄를 짓게 만든 근원적인 원인이었다. 이스라엘은 이 산당에서 우상 숭배를 했고 그 결과 율법을 범하고 하나님을 떠났다. 그러므로 이 산당이야 말로 이스라엘이 하나님을 배반한 명백한 증거물이다. 그래서 호세아 선지자는 그 죄 된 아웬의 산당에 가시와 찔레가 날 것이라고 저주를 선포한다.

그 옛날 아담이 하나님의 선악과 명령을 범했을 때 땅이 저주를 받아 가시덤불과 엉겅퀴를 내었듯이(창 3:18) 이제 이스라엘의 배도의 현장인 아웬의 산당에 가시와 찔레가 나게 된다. 그런 의미에서 이스라엘은 아담처럼 언약을 어긴 배도자들이다.

"저희는 아담처럼 언약을 어기고 거기서 내게 패역을 행하였느니라"(호 6:7)

하나님께서 아담을 이끌어 지키게 하셨던 하나님의 동산 에덴은 먼 훗날 하나님께서 이스라엘을 이끌어 심으셨던 약속의 땅 가나안을 상징한다.

그러므로 에덴에서 하나님의 선악과 명령을 지켜 행함으로 하나님과의 영속적인 교제를 이루어야 했던 아담의 책임은 가나안에서 하나님께서 주신 율법을 지켜 행함으로 하나님과의 영속적인 교제를 이루어야 했던 이스라엘의 책임을 상징한다. 그리고 하나님의 선악과 명령을 어김으로 하나님과의 언약을 어긴 아담이 복된 땅 에덴에서 추방됨은 하나님의 율법의 명령을 지켜 행하지 않은 이스라엘이 약속의 땅 가나안에서 추방됨을 상징한다.

아담이 소유했던 가장 큰 복은 하나님께서 그들에게 주신 선악과 명령을 지켜 행함으로 하나님과의 교제를 유지하는 것이었듯이 구약 이스라엘이 소유해야 하는 가장 큰 복 또한 하나님께서 그들에게 주신 율법을 지켜 행함으로 하나님과의 교제를 유지하는 것이었다. 따라서 오늘 우리가 소유해야 하는 가장 큰 복 또한 꿈과 영향력과 문제 해결과 축복 응답이 아니라 하나님께서 우리에게 주신 계명을 지켜 행함으로 포도나무이신 예수 그리스도의 사랑 안에 영원히 거하는 것이다.

> "나는 포도나무요 너희는 가지니 저가 내 안에, 내가 저 안에 있으면 이 사람은 과실을 많이 맺나니 나를 떠나서는 너희가 아무것도 할 수 없음이라"(요 15:5)

> "내가 아버지의 계명을 지켜 그의 사랑 안에 거하는 것같이 너희도 내 계명을 지키면 내 사랑 안에 거하리라"(요 15:10)

결국 하나님의 계명을 지켜 행하는 삶을 사는 자가 받을 가장 큰 복은 예수 그리스도의 사랑 안에 영원히 거하는 것이다. 그러므로 하나님의 선악과 명령을 지켜 행하지 않은 아담이 에덴에서 추방되고 구약 이스라엘이 하나님의 율법을 지켜 행하지 않음으로 가나안 땅에서 추방되었듯이 오늘 우리도 과실을 맺지 못하면 밖에 던져 불사름이 될 것이다.

"사람이 내 안에 거하지 아니하면 가지처럼 밖에 버리워 말라지나니 사람들이 이것을 모아다가 불에 던져 사르느니라"(요 15:6)

주님께서 포도나무와 가지 비유(요 15:5-10)에서 "무엇이든지 원하는 대로 구하면 이루고"(7절) "우리가 과실을 많이 맺으면 하나님께서 영광을 받으신다"(8절)라고 하신 말씀의 바른 의미는 성도가 기도해서 이루어야 하는 소원이 자기를 위해서가 아니라 하나님의 영광을 위해 과실을 많이 맺는 것이라는 의미이다. 이 과실은 이 땅에서의 꿈과 영향력이 아니라 하나님의 계명을 지켜 행하는 삶의 열매이다.

하나님의 영광을 위해 과실을 많이 맺기를 소원하며 기도하는 것이 하나님의 나라와 의를 구하는 기도이다. 따라서 우리가 구하고 찾고 두드려야 하는 기도 제목은 성령의 열매 맺는 삶이다(눅 11:9, 13).

범죄한 아담에게 땅이 가시와 엉겅퀴를 내었듯이 범죄한 이스라엘에게 그들이 의지했던 아웬의 산당이 가시와 찔레를 내었다. 결국 가시와 찔레의 저주는 신앙인을 향한 저주로서 신앙인이 하나님의 말씀대로 살지 못해 결실하는 악한 열매를 상징한다.

주님께서는 좋은 나무 열매와 나쁜 나무 열매 비유에서 아름다운 열매를 맺지 않는 나무는 찍혀 불에 던져진다고 경고하셨다(마 7:16-19). 그런데 여기서 주목할 것은 주님께서 못된 나무가 맺는 나쁜 열매의 결국을 말씀하시기 전에 거짓 선지자를 삼가라고 경고하셨다는 점이다.

"거짓 선지자들을 삼가라 양의 옷을 입고 너희에게 나아오나 속에는 노략질하는 이리라"(마 7:15)

그 옛날 사탄의 하수인인 뱀이 선악과를 먹어도, 즉 하나님께서 명하신 선악과 명령을 지켜 행하지 않아도 결코 죽지 않는다고 하와를 유혹(창 3:4; 고후 11:2-4)했듯이, 구약 이스라엘의 거짓 선지자들이 율법대로 지켜 행하지 않는 이스라엘을 향해 "너희는 결단코 가나안 땅에서 추방당하지 않는 승리의 주역들이고, 축복의 자손들이다."라고 미혹했듯이, 오늘날 거짓 선지자들 역시 예수 그리스도의 계명을 지켜 행하지 않는, 열매 맺지 못하는 잎만 무성한 무화과나무를 향해 항상 "여러분은 구원받은 하나님의 왕 같은 자녀들이니 꿈을 이루고, 영향력을 소유하고, 문제 해결 받고, 축복 응답을 받으라."고 미혹한다.

그러나 예수 그리스도의 계명, 즉 하나님의 뜻을 행하지 않은 "주여! 주여!" 하는 신앙인들은 그들이 이 땅에서 아무리 꿈을 이루고 영향력을 소유하고 문제 해결을 받고 축복 응답을 받고 산다 할지라도 결단코 지옥 간다. 찍혀 밖에 던져져 불에 살라진다. 그들은 정녕히 죽는다.

호세아 선지자는 호세아 10:8에서 장차 이스라엘이 하나님의 심판 날에 산과 작은 산이 그들 위에 무너져서 하나님의 진노를 피하게 해 달라고 하소연 하는 날이 다가올 것이라고 경고했다. 여기서 "산더러 우리를 가리우라 작은 산더러 우리 위에 무너지라"라고 외치는 절망의 인생들은 세상 사람들이 아니라 율법을 지켜 행하지 않았던 범죄한 이스라엘이었다. 이와 똑같은 절망의 부르짖음을 요한계시록에서도 들을 수 있다.

"땅의 임금들과 왕족들과 장군들과 부자들과 강한 자들과 각 종과 자주자가 굴과 산 바위틈에 숨어 산과 바위에게 이르되 우리 위에 떨어져 보좌에 앉으신 이의 낯에서와 어린양의 진노에서 우리를 가리우라"(계 6:15-16)

"산더러 우리를 가리우라, 작은 산더러 우리 위에 무너지라"(호 10:8)고 절규하는 사람들이 율법대로 살지 못한, 그래서 영원한 언약을 거역하여 배반한 구약의 이스라엘 백성이었듯이, 종말에도 산과 바위에게 "우리 위에 떨어져 보좌에 앉으신 이의 낯에서와 어린양의 진노에서 우리를 가리우라"(계 6:16)고 절규하는 임금들과 왕족들과 장군들과 부자들과 강한 자들과 각 종과 자주자(계 6:15)는 바로 새 계명의 말씀대로 살지 못한, 그래서 영원한 언약을 거역하고 배반한 이름뿐인 신앙인들이다. 이들이 바로 하나님의 뜻을 행하지 않고 "주여! 주여!"만 하는 신앙인들이다(마 7:21).

율법을 지켜 행하지 않았던 구약 이스라엘이 하나님의 심판 앞에서 '산이 무너져서 하나님의 진노로부터 자신을 가리게 해 달라.'고 절규했듯이, 종말에도 "주여! 주여!" 하면서도 예수 그리스도의 계명, 즉 하나님의 뜻을 지켜 행하지 않아 밖에 던져 불사름이 될 사람들이 산과 바위에게 '우리 위에 떨어져 어린양의 진노에서 우리를 가려 달라.'고 절규하게 될 것이다.

그 옛날 아담은 선악과 명령을 지켜 행하지 않은 죄를 범한 후 동산 나무 뒤로 자신들의 벌거벗은 몸을 숨기려 했고, 범죄한 구약 이스라엘 백성은 율법을 지켜 행하지 않고 범죄한 후 자신들의 벌거벗겨진 수치(호 2:3)를 산과 작은 산 아래로 숨기려 했고(호 10:8), 인자가 다시 올 때 믿음을 보겠느냐 하는 종말의 교회 세대는 행위의 온전함이 없는 벌거벗은 수치(계 3:2, 17)를 산과 바위 아래로 숨기려 할 것이다(계 6:16). 그러나 그들은 결단코 하나님의 심판을 피할 수가 없다. 그래서 요한계시록은 종말을 당한 교회 세대에게 벌거벗고 다니지 말라고 경고하고 있다.

> "보라 내가 도적같이 오리니 누구든지 깨어 자기 옷을 지켜 벌거벗고 다니지 아니하며 자기의 부끄러움을 보이지 아니하는 자가 복이 있도다"(계 16:15)

이제 우리는 "주여! 주여!" 하는 입술의 신앙을 회개하고 하나님의 뜻을 행하는 행위의 온전함을 결실해야 한다.

16. 심판의 최후의 전조, 부요한 장사꾼이 된 이스라엘과 장사의 도성이 된 바벨론 성

> "우리의 왕이신 예수 그리스도는 하늘의 영원한 영광의 왕권을 가지시기 위해 이 땅에서는 머리 둘 곳도 없이 사셨다."

하나님께서는 부자 장사꾼이 된 이스라엘의 불의한 죄를 책망하신다.

"저는 상고여늘 손에 거짓 저울을 가지고 사취하기를 좋아하는도다 에브라임이 말하기를 나는 실로 부자라 내가 재물을 얻었는데 무릇 나의 수고한 중에서 죄라 할 만한 불의를 발견할 자 없으리라 하거니와"(호 12:7-8)

여기서 "상고"와 "부자"는 세상 사람을 일컬음이 아니라 신실하지 못하면서 연락하는 이스라엘을 비유하고 있다. 물론 이들도 양 떼와 소 떼를 이끌고 여호와를 찾으러 가던 사람들이었다. 문제는 그들이 비록 하나님을 만나기 위해 양 떼와 소 떼를 이끌로 나아갔지만 하나님께서 그들을 떠나셨다는 사실이다.

"저희가 양 떼와 소 떼를 끌고 여호와를 찾으러 갈지라도
만나지 못할 것은 이미 저희에게서 떠나셨음이라"(호 5:6)

그들은 입으로는 하나님을 가까이 하고 입술로는 하나님을 존경했지만 마음으로는 하나님을 떠나 있었다(사 29:13). 오늘날 의미에서 그들은 입으로는 "주여! 주여!" 하고 있지만 하나님의 뜻을 행하지는 않는 사람들이다.

범죄한 이스라엘, 즉 에브라임은 말하기를 "내가 얻은 재물 가운데 불의를 발견할 만한 것이 없다."라고 했다(호 12:8). 세상적 의미에서 불의의 재물은 도적질이나 사기를 쳐서 모은 돈이지만, 신앙적 의미에서 곧 청지기의 본분에서 볼 때 불의의 재물은 하나님의 뜻대로 선한 사업을 위해 사용하지 않고 내 것으로 모아 놓은 모든 재물이다.

예수님 앞에 나아왔던 부자 청년도 자기가 얻은 재물 중에 토색이나 불의가 없다고 생각했기 때문에, 자신은 율법대로 살고 율법을 지켰다고 자신 있게 말했다(마 19:16-22). 그러나 그의 재물이 안식년법(렘 25:3-7; 신 15:12)과 희년법(레 25:8-10)의 명령대로 고아와 과부를 돌아보지 못하는 재물이었기 때문에 돈 많은 부자 청년은 주님으로부

터 제자로 용납되지 못했다.

주님께서는 부자 청년에게 "네 소유를 처분하여 모두 가난한 자에게 나누어 주라."고 말씀하셨다. 그러나 모든 율법을 지켰다고 자부했던 부자 청년은 주님의 명령에 순종할 수 없었다. 부자 청년에게 있어서 율법을 온전히 지킴은 아마도 부정한 물건에 접촉하지 않고, 부정한 음식을 입에 대지 않고, 모세의 율법이 명한 제사를 드리며 나아가서 박하와 회향과 근채의 십일조를 드리고, 회당마다 비치되어 있는 구제 헌금함에 약간의 구제 헌금을 하고, 일주일에 두 번 금식하는 정도였을 것이다.

그러나 율법은 사랑을 통해서 온전히 완성된다(롬 13:10). 그러므로 구약의 안식년법과 희년법의 명령대로, 예수 그리스도의 사랑의 계명대로 실천하는 사랑의 삶이 없다면 그는 모든 율법을 범한 것이다.

부자 청년은 자기가 모은 재물을 자기 것이라고 생각했기 때문에 예수 그리스도의 명령에 순종해 자신의 피 같은 재산을 남을 위해 나누어 줄 수 없었다. 비록 그는 살인한 적도 없고, 도적질한 적도 없고, 간음한 적도 없고, 토색하거나 불의한 적도 없는 근면 성실한 신앙인이었지만, 자기가 가진 물질만큼은 자신의 목숨보다 소중한 것이었기에 그 물질로 핍절한 형제를 구제할 수 없었던 것이다.

결국 그가 살인하지 않고 간음하지 않고 도적질하지 않

고 지키고자 했던 율법에의 헌신은 자신의 재물로 형제를 구제하지 못하는 인색함으로 말미암아 아무 의미가 없는 것이 되었다. 그는 율법을 지켰다고 했지만 예수 그리스도께서 명령하신 만큼 사랑하지 못했기 때문에 모든 율법을 범한 자가 되었다.

"피차 사랑의 빚 외에는 아무에게든지 아무 빚도 지지 말라 남을 사랑하는 자는 율법을 다 이루었느니라 간음하지 말라, 살인하지 말라, 도적질하지 말라, 탐내지 말라 한 것과 그 외에 다른 계명이 있을지라도 네 이웃을 네 자신과 같이 사랑하라 하신 그 말씀 가운데 다 들었느니라 사랑은 이웃에게 악을 행치 아니하나니 그러므로 사랑은 율법의 완성이니라"(롬 13:8-10)

주님의 법은 형제를 미워함이 곧 살인(요일 3:15)이다. 따라서 형제를 자기 몸처럼 사랑해야 할 신앙인이 목숨보다 중하지 않은 자기 재물로 형제를 사랑하지 못하면, 그것은 곧 형제에게 악을 행하는 것(요일 3:16-17)이다.

율법을 다 지켰다고 하면서도 자기 재물에 대한 애착 때문에 주님의 명령대로 사랑의 삶을 살지 못했던 부자 청년과는 달리 초대교회 성도들은 자기 것을 자기 것이라 하지 않고 형제의 핍절을 구제했다(행 4:32-35). 결국 초대교회 성도들의 사랑의 삶 속에서 율법은 폐하여지지 않고 완전해 졌다.

"내가 율법이나 선지자나 폐하러 온 줄로 생각지 말라 폐하러 온 것이 아니요 완전케 하려 함이로다"(마 5:17)

초대교회 성도들은 모든 율법을 지켰다는 부자 청년이 지키지 못한 완전한 율법인 사랑을 예수 그리스도의 명령에 순종함으로 온전히 지켰다. 즉 그들은 성령의 능력으로 재물에 대한 육신의 소욕을 다스림으로써 율법의 요구를 이루었던 것이다.

"육신을 좇지 않고 그 영을 좇아 행하는 우리에게 율법의 요구를 이루어지게 하려 하심이니라"(롬 8:4)

오늘날 화려한 예배당 건물을 가지고 있는 교회나 먹고살 만한 재산을 가지고 있는 교인들은 하나같이 "내가 재물을 얻었는데 무릇 나의 수고한 중에서 죄라 할 만한 불의를 발견할 자 없으리라"(호 12:8)며 주님 앞에서 부자 청년과 같이 자기들의 입장을 변호할 것이다. 그러나 그들에게 하나님의 뜻대로 사용되지 않고 자기 것이라고 남겨 둔 모든 재물은 불의한 재물이다. 그들이 아무리 서기관들과 바리새인들처럼 박하와 회향과 근채의 철저한 십일조를 드렸다 할지라도 하나님의 뜻대로 의와 인과 신을 위해 사용하지 않고 남아 있는 모든 재물은 하나님 편에서는 불의한 것이다.

> "화 있을진저 외식하는 서기관들과 바리새인들이여 너희가 박하와 회향과 근채의 십일조를 드리되 율법의 더 중한 바 의와 인과 신은 버렸도다 그러나 이것도 행하고 저것도 버리지 말아야 할지니라"(마 23:23)

오늘날 대형 교회들은 천억이나 되는 건축 공사를 위해서는 모든 돈을 긁어모아도 의와 인과 신, 즉 사랑의 계명을 실천하기 위해서는 백억도 사용하지 못한다. 그리고 오늘날 많은 교인이 명목상의 십일조를 떼고 남은 나머지 재물은 마치 자기 것인 양 의와 인과 신, 즉 사랑의 계명을 실천하기 위해 사용하지 않고 오로지 자기와 처자를 위해 물 붓듯이 사용한다.

심판의 날에 그들은 "우리가 주 앞에서 먹고 마셨고 또한 주님께서도 우리 길거리에서 가르치지 않으셨습니까?"라고 주님을 아는 척하겠지만 주님께서는 "나는 너희를 도무지 모른다!"라고 책망하실 것이다(눅 13:26-27). 또한 그들은 "우리가 주의 주리신 것과 목마르신 것과 나그네 되신 것과 벗으신 것과 병드신 것과 옥에 갇히신 것을 공양하지 않았습니까?"라며 주님 앞에서 자신들의 신앙 행위를 항변하겠지만(마 25:44) 주님께서는 그들에게 "마귀와 그의 사자들을 위해 예비된 영영한 불못에 들어가라!"고 하실 것이다(마 25:41, 46).

초대교회 성도들은 자기 재물을 자기 것이라 하지 않고 예수 그리스도의 새 계명(요 15:12)을 따라 형제를 구제하기 위한 사랑의 명목으로 지출했다. 결국 그들은 자기 재물을 자기 것이라 하지 않고 형제를 사랑하라는 율법의 대강령을 이루었다. 의와 인과 신, 이 세 가지는 율법의 전부이다. 그러므로 의와 인과 신은 사랑 안에서 하나가 된다.

따라서 초대교회 성도들이 행했던 사랑의 삶은 율법의 의와 인과 신을 이룬 삶이다. 서기관들과 바리새인들은 십일조만 철저하게 드리면 나머지 모두는 자기 것으로 알았다. 오늘날 교인들은 서기관들과 바리새인들의 철저한 십일조보다도 못한, 뗄 것 다 뗀 명목상의 십일조를 천억 원 예배당 건물 짓는데 건축헌금으로 바치고는 그 나머지로 자기 집 장만하는 데 사용한다.

기억해야 한다. 우리의 왕이신 예수 그리스도는 하늘의 영원한 영광의 왕권을 가지시기 위해 이 땅에서는 머리 둘 곳도 없이 사셨다. 참된 성도라면 이것저것 떼지 않은 철저한 십일조도 드려야 하겠지만, 초대교회 성도들처럼 자기 소유를 팔아 불우한 형제와 가난한 형제 교회와 고난 가운데 복음을 전하는 오지의 선교사들을 구제해야 한다. 바로 이것이 우리가 십일조 외에 행해야 하는 의와 인과 신이다.

구약에서 에브라임(이스라엘)은 상고(상인)가 되었고(호 12:7), 요한계시록에서 바벨론은 장사의 도성이 되었다(계 18장).

구약에서 예언된 예루살렘의 회복, 예루살렘의 구원, 예루살렘의 영광, 그리고 새 예루살렘의 창조는 신약의 이방인 교회 시대로 성취되었다. 결국 구약에서 회복되고 구원받고 영광으로 창조되는 예루살렘 성은 실제 건물이 아니라 예수 그리스도께서 피로 값 주고 사신 지체들의 모임인 교회이다.

그렇다면 요한계시록에서 예언하고 있는 장사의 도성 바벨론은 무엇을 의미하는가? 구약에서 선지자들은 하나같이, 하나님의 율법의 의와 인과 신을 실천하지 못한 명목상의 종교인들인 이스라엘 백성과 그들이 그토록 자랑하고 신성시했던 하나님의 성전이 있는 예루살렘의 죄악을 멸망당한 소돔과 고모라의 죄악에 비유했다(사 1:10). 그러므로 구약에서 범죄한 이스라엘 백성과 예루살렘을 소돔과 고모라로 이름 불렀듯이 요한계시록에서 예언하고 있는 멸망당하는 바벨론 성은 타락한 교회 세대의 또 다른 이름이다.

구약의 에스겔 선지자는 멸망 받을 남유다의 행음의 죄악을 어미인 수도 예루살렘과 자녀들인 유다 고을의 행음의 죄악으로 설명했다(겔 16:44-46). 요한계시록 17-18장에 의하면 "음녀"는 "큰 성 바벨론"이다(계 17:18).

큰 성 바벨론인 음녀는 땅의 음녀들과 가증한 것들의 어미라고 했다(계 17:5). 그러므로 구약의 에스겔 선지자가 행음하는 남유다를 행음하는 어미 예루살렘과 어미 예루살렘의 행음을 따라 행음하는 자녀들인 유다 고을로 설명했듯이, 요한계시록은 행음하는 교회 세대를 어미 바벨론과 행음하며 상품을 매매하는 땅의 왕들과 상고(상인)들의 관계로 보여 주고 있다.

상인이 된 에브라임은 자신이 소유한 부(富) 가운데 죄라 할 만한 불의가 없다고 했다. 마찬가지로 오늘날 세속화된 교회 세대가 주님의 사랑의 계명을 따라 자기들이 소유한 부를 의와 인과 신을 위해 나누지 않고, 오로지 자기들의 위엄과 과시와 자랑을 위해 사용하면서도 "나는 실로 부자라 내가 재물을 얻었는데 무릇 나의 수고한 중에서 죄라 할 만한 불의를 발견할 자 없으리라"(호 12:8) 하고 있다.

초대교회 성도들은 내 것을 내 것이라 하지 않고 예수 그리스도의 사랑의 계명을 온전하게 실천했건만 오늘날 큰 교회들은 하나님 보시기에 전시 행정에 불과한 명목상의 구제 사업을 하면서 자신들이 축적한 부로 화려하고 웅장한 예배당 건물을 짓는 데 혈안이 되어 있다. 그러면서 자신들의 예배당 건축에 추호도 죄라 할 만한 불의가 없다고 말한다.

그리고 먹을 것과 입을 것이 있음에도 족한 줄을 알지 못하는 많은 교인이 명목상의 십일조를 하나님 앞에 드리고는 나머지 재물로 자신의 미래와 자녀의 미래와 손자 손녀의 미래를 위해 이 땅의 썩어질 장막 집을 짓는 데 몰두하고 있다. 그러면서 자신의 재물 가운데 죄라 할 만한 불의가 결단코 없다며 천국행을 추호도 의심하지 않는다.

17. 불멸의 사랑, 그 사랑의 영원한 의미

> "하나님의 사랑은 "주여! 주여!" 하는 이름뿐인 신앙인 개개인 모두를 향한 무조건적인 사랑이 아니라 이스라엘이라는 영예로운 이름을 부여받을 만한 당신의 택한 백성을 통해서 영속되는 사랑이다."

이스라엘의 배도에도 불구하고 하나님께서는 옛 시절에 이스라엘을 양육하셨던 당신의 사랑을 추억하시며 그 사랑의 불변을 선포하신다.

"이스라엘의 어렸을 때에 내가 사랑하여 내 아들을 애굽에서 불러 내었거늘"(호 11:1)

바로 이 사랑의 추억이 이스라엘을 영원히 버릴 수 없는 하나님의 안타까운 사랑으로 노래되고 있다.

"에브라임이여 내가 어찌 너를 놓겠느냐 이스라엘이여 내

가 어찌 너를 버리겠느냐 내가 어찌 너를 아드마같이 놓겠느
냐 어찌 너를 스보임같이 두겠느냐 내 마음이 내 속에서 돌아
서 나의 긍휼이 온전히 불붙듯 하도다"(호 11:8)

그래서 하나님은 그들을 치료하신다.

"내가 저희의 패역을 고치고 즐거이 저희를 사랑하리니 나
의 진노가 저에게서 떠났음이니라 내가 이스라엘에게 이슬과
같으리니 저가 백합화같이 피겠고 레바논 백향목같이 뿌리가
박힐 것이라"(호 14:4-5)

하나님의 사랑의 치료는 이스라엘의 패역한 행위를 고치
는 치료이다. 그래서 그들의 영혼을 잘되게 해서 그들로 하
여금 범사에 백합화같이 피어나고 백향목같이 뿌리가 박히
게 하신다. 그러나 이 사랑의 약속, 이 사랑의 축복에 "주여!
주여!" 하는 이스라엘 백성 모두가 참여하지 못한다. 그것은
이 사랑이 범죄한 이스라엘, 신실하지 못한 이스라엘 개개
인 모두를 향한 무조건적인 사랑이 아니기 때문이다.

그러면 이 사랑의 섭리는 어떻게 불변의 영원한 사랑이
되는가? 옛 언약을 폐하시고 새 언약을 세우심으로 그 사랑
은 영원해진다. 구약 이스라엘을 멸절하시고 새 이스라엘을
불러 모으심으로 그 사랑은 영원해진다. 율법의 하늘과 율

법의 땅을 종이축이 말림같이 떠나가게 하시고, 새 계명의 하늘과 땅을 창조하심으로 그 사랑은 영원해진다. 보이는 예루살렘 성전을 멸하시고 하늘에서 내려온 새 예루살렘, 당신의 몸 된 성전을 창조하심으로 그 사랑은 영원해진다.

결국 범죄한 구약의 예루살렘과 육적 이스라엘은 심판을 받았지만 신약의 새 예루살렘인 이방인 교회 시대, 신약의 영적 이스라엘인 믿음의 성도들을 통해 하나님의 불변의 사랑은 계속된다. 그러므로 호세아서 11:8의 하나님의 놓을 수 없는 사랑, 하나님의 버릴 수 없는 사랑을 방종한 이스라엘을 향한 무조건적인 사랑으로 해석해서는 안 된다.

나아가서 하나님의 뜻을 행하지 않고 "주여! 주여!"만 하는 입술뿐인 신앙인들이 구원 타령, 축복 타령하는 든든한 '빽'으로 인용해서도 안 될 것이다. 그러나 구약 이스라엘과 신약 교회는 이와 같은 하나님의 불변의 사랑의 섭리를 바르게 이해하지 못하고 한 번 해병은 영원한 해병이라 외치듯이 한 번 이스라엘은 영원한 이스라엘이고, 한 번 교인은 영원한 교인이라는 맹신 속에 살아간다.

이스라엘을 향한 하나님의 사랑은 불변하는 것이지만 범죄한 다수의 구약 이스라엘 백성에 대해서는 철저한 심판이 이루어졌다. 구약 이스라엘 백성은 호세아서 11:8의 아름다운 하나님의 약속을 자기들에게서 영원히 떠나지 않을 불변의 사랑으로 맹신했지만 그들은 철저한 심판을 당했고 대신 새 예루살렘, 새 이스라엘인 이방인 교회 세대가 그들이 빼앗긴 축복을 상속받았다.

이사야 선지자는 범죄한 구약의 육적 이스라엘이 심판을 받고 영적 새 이스라엘인 교회 시대가 받을 새 이름의 축복에 대해 예언하면서, 새 이름의 축복을 받을 영적인 이방인 교회 시대를 새 예루살렘, 그리고 새 하늘과 새 땅으로 부르고 있다.

"대저 내가 갈한 자에게 물을 주며 마른 땅에 시내가 흐르게 하며 나의 신을 네 자손에게, 나의 복을 네 후손에게 내리리니 그들이 풀 가운데서 솟아나기를 시냇가의 버들같이 할 것이라 혹은 이르기를 나는 여호와께 속하였다 할 것이며 혹은 야곱의 이름으로 자칭할 것이며 혹은 자기가 여호와께 속하였음을 손으로 기록하고 이스라엘의 이름으로 칭호하리라"(사 44:3-5)

"여호와께 연합한 이방인은 여호와께서 나를 그 백성 중에서 반드시 갈라내시리라 말하지 말며 고자도 나는 마른 나무라 말하지 말라 여호와께서 이같이 말씀하시기를 나의 안식일을 지키며 나를 기뻐하는 일을 선택하며 나의 언약을 굳게 잡는 고자들에게는 내가 내 집에서, 내 성 안에서 자녀보다 나은 기념물과 이름을 주며 영영한 이름을 주어 끊치지 않게 할 것

이며"(사 56:3-4)

　"이러므로 주 여호와가 말하노라 보라 나의 종들은 먹을 것
이로되 너희는 주릴 것이니라 보라 나의 종들은 마실 것이로
되 너희는 갈할 것이니라 보라 나의 종들은 기뻐할 것이로되
너희는 수치를 당할 것이니라 보라 나의 종들은 마음이 즐거
우므로 노래할 것이로되 너희는 마음이 슬프므로 울며 심령이
상하므로 통곡할 것이며 또 너희의 끼친 이름은 나의 택한 자
의 저줏거리가 될 것이니라 주 여호와 내가 너를 죽이고 내 종
들은 다른 이름으로 칭하리라"(사 65:13-15)

　"보라 내가 새 하늘과 새 땅을 창조하나니 이전 것은 기억
되거나 마음에 생각나지 아니할 것이라 너희는 나의 창조하는
것을 인하여 영원히 기뻐하며 즐거워할지니라 보라 내가 예
루살렘으로 즐거움을 창조하며 그 백성으로 기쁨을 삼고"(사
65:17-18)

　"나는 시온의 공의가 빛같이, 예루살렘의 구원이 횃불같이
나타나도록 시온을 위하여 잠잠하지 아니하며 예루살렘을 위
하여 쉬지 아니할 것인즉 열방이 네 공의를, 열왕이 다 네 영
광을 볼 것이요 너는 여호와의 입으로 정하실 새 이름으로 일
컬음이 될 것이며 너는 또 여호와의 손의 아름다운 면류관, 네

하나님의 손의 왕관이 될 것이라"(사 62:1-3)

"나 여호와가 말하노라 나의 지을 새 하늘과 새 땅이 내 앞
에 항상 있을 것같이 너희 자손과 너희 이름이 항상 있으리
라"(사 66:22)

이처럼 하나님의 사랑은 "주여! 주여!" 하는 이름뿐인 신
앙인 개개인 모두를 향한 무조건적인 사랑이 아니라, 이스
라엘이라는 영예로운 이름을 부여받을 만한 당신의 택한 백
성을 통해서 영속되는 사랑이다. 그래서 예루살렘을 향한
하나님의 불변의 사랑은 범죄한 구약 이스라엘 백성을 심판
하심으로 소멸되고 단절되는 것 같지만, 새 예루살렘인 이
방인 교회 시대를 통해 영속화된다.

범죄한 구약의 하늘과 땅은 종이 축이 말림같이 구속사의
무대에서 그 종말을 고하고, 새 이름의 이방인 교회 시대를
통해 신약의 새 하늘과 새 땅의 구속사가 그 문을 열게 되었
다. 바로 이것이 새 하늘과 새 땅의 노래이다.

하나님의 영원한 사랑은 새로운 이름의 복을 받은 이방인
교회 시대를 통해 예루살렘과 이스라엘을 향한 불변의 사랑
을 영속시키셨다.

그런데 이방인 교회 시대에도 새 이름의 축복이 예언되었
다.

"귀 있는 자는 성령이 교회들에게 하시는 말씀을 들을지어
다 이기는 그에게는 내가 감추었던 만나를 주고 또 흰 돌을 줄
터인데 그 돌 위에 새 이름을 기록한 것이 있나니 받는 자밖에
는 그 이름을 알 사람이 없느니라"(계 2:17)

"이기는 자는 내 하나님 성전에 기둥이 되게 하리니 그가
결코 다시 나가지 아니하리라 내가 하나님의 이름과 하나님의
성 곧 하늘에서 내 하나님께로부터 내려오는 새 예루살렘의
이름과 나의 새 이름을 그이 위에 기록하리라"(계 3:12)

이처럼 새 이름의 축복이 교회들에게 예언되고 있다(계
2:17; 3:12)는 것은, 구약의 경우에서처럼 새 이름의 영적
이스라엘인 이방인 교회 시대가 도래하기 전에, 앞선 시대
인 범죄한 구약 이스라엘에 대한 철저한 심판이 집행되었듯
이, 교회 시대의 미래에 또 다시 예언된 새 하늘과 새 땅의
시대(계 21:1)가 도래하기 전에, 앞선 시대인 지금의 이방인
교회 시대를 향해 하나님의 영원한 심판의 경륜이 철저하게
작정되었음을 의미한다.

"그 날에 이스라엘의 남은 자와 야곱 족속의 피난한 자들이
다시는 자기를 친 자를 의뢰치 아니하고 이스라엘의 거룩하
신 자 여호와를 진실히 의뢰하리니 남은 자 곧 야곱의 남은 자

가 능하신 하나님께로 돌아올 것이라 이스라엘이여 네 백성이
바다의 모래 같을지라도 남은 자만 돌아오리니 넘치는 공의로
훼멸이 작정되었음이라"(사 10:20-22)

하나님의 구속 경륜은 "주여! 주여!" 하는 모든 사람에게
가 아니라 남은 자들을 향하고 있으며, 나머지 바닷가의 모
래와 같은 "주여! 주여!" 하는 백성을 향해서는 하나님의 넘
치는 공의의 훼멸이 작정 되어 있다.
　따라서 우리는 이 시점에서 사도 바울의 경계의 말을 기
억해야 한다.

　"또한 가지 얼마가 꺾여졌는데 돌감람나무인 네가 그들 중
에 접붙임이 되어 참감람나무 뿌리의 진액을 함께 받는 자 되
었은즉 그 가지들을 향하여 자긍하지 말라 자긍할지라도 네가
뿌리를 보전하는 것이 아니요 뿌리가 너를 보전하는 것이니라
그러면 네 말이 가지들이 꺾이운 것은 나로 접붙임을 받게 하
려 함이라 하리니 옳도다 저희는 믿지 아니하므로 꺾이우고
너는 믿으므로 섰느니라 높은 마음을 품지 말고 도리어 두려
워하라 하나님이 원 가지들도 아끼지 아니하셨은즉 너도 아끼
지 아니하시리라"(롬 11:17-21)

하나님께서는 범죄한 구약 이스라엘을 대신한 자리에 신

약의 영적 이스라엘인 이방인 교회를 접붙이시고, 예루살렘과 이스라엘을 향한 당신의 영원한 사랑을 성취하셨다.

그러나 먼저 하나님의 영원한 사랑의 약속 안에서 하나님의 뜻을 행하지는 않고 "하나님! 하나님!"만 했던 범죄한 이스라엘은 철저한 파멸을 경험했다.

> "저가 비록 형제 중에서 결실하나 동풍이 오리니 곧 광야에서 일어나는 여호와의 바람이라 그 근원이 마르며 그 샘이 마르고 그 적축한바 모든 보배의 그릇이 약탈되리로다 사마리아가 그 하나님을 배반하였으므로 형벌을 당하여 칼에 엎드러질 것이요 그 어린아이는 부숴뜨리우며 그 아이 밴 여인은 배가 갈리우리라"(호 13:15-16)

마찬가지로 하나님의 불변의 사랑은 "주여! 주여!" 하는 이름뿐인 신앙인 모두를 향한 것이 아니라, 방종하고 세속화된 지금의 이방인 교회 시대를 넘어 또 다시 다가오는 새 이름의 복된 시대에 동참하게 될 신앙의 이긴 자들을 향한 영원한 사랑의 서약이다.

그 날에 하나님의 뜻을 행하지는 않고 입술로만 "주여! 주여!" 했던 접붙임 된 이방인 교회 세대는 공의로 훼멸이 작정된 철저한 심판 앞에서 슬피 울며 이를 갈게 될 것이다.